Guide Parental pour élever les Garçons atteints de TDAH

Des Tout-Petits aux Adolescents - Découvrez Comment Réagir de Manière Appropriée aux Différentes Situations Comportementales

Richard Bass

Table Des Matières

INTRODUCTION 1

CHAPITRE 1 : ÉLEVER VOTRE BOULE D'ÉNERGIE 5

QUEL TYPE DE TDAH VOTRE ENFANT A-T-IL ? 5
VOIR L'HYPERACTIVITÉ ET L'IMPULSIVITÉ AUTREMENT 8
Canaliser l'Énergie de Votre Enfant Par des Activités Positives *10*
AIDER VOTRE FILS À LIBÉRER LA TENSION ÉMOTIONNELLE 13
RECHARGEZ VOS BATTERIES POUR MIEUX FAIRE FACE 16
ENSEIGNEMENTS DU CHAPITRE 21

CHAPITRE 2 : LE DÉCLENCHEUR NUMÉRO UN QUI PROVOQUE LES
RÉACTIONS DE VOTRE ENFANT 23

QU'EST-CE QUE LA SURSTIMULATION ? 23
AIDER VOTRE ENFANT À IDENTIFIER LES DÉCLENCHEURS SENSORIELS......... 25
Sensibilité Tactile *26*
Sensibilité Auditive *26*
Sensibilité Visuelle *27*
Sensibilité Olfactive *28*
Sensibilité au Goût *29*
QUE SE PASSE-T-IL LORSQUE VOTRE ENFANT VEUT PLUS (ET NON MOINS)
D'INFORMATIONS SENSORIELLES ? 30
ENSEIGNEMENTS DU CHAPITRE 32

CHAPITRE 3 : COMMENT GÉRER LES ÉMOTIONS EXPLOSIVES DE VOTRE
ENFANT SANS PERDRE LE CONTRÔLE 35

LE CERVEAU ET LES ÉMOTIONS LIÉS AU TDAH 35
STRATÉGIES APPROPRIÉES À L'AGE POUR AIDER VOTRE ENFANT À AFFRONTER DE
GRANDES ÉMOTIONS 39
Garçons entre 3 et 8 ans *40*
Garçons entre 9 et 12 ans *43*
Garçons entre 13 et 17 ans *48*
ENSEIGNEMENTS DU CHAPITRES 54

CHAPITRE 4 : STRATÉGIES D'AUTO-APAISEMENT POUR AIDER VOTRE
ENFANT À GÉRER LE STRESS ET PRATIQUER L'AUTOCONTRÔLE 57

QU'EST-CE QUE L'AUTO-APAISEMENT ? 57

Créer un endroit Sûr...*59*

Enseigner la pensée positive.......................................*60*

Pratiquer la Pleine Conscience....................................*64*

ENSEIGNEMENTS DU CHAPITRE.....................................*67*

CHAPITRE 5 : GÉRER L'HYPERACTIVITÉ AVEC DES ROUTINES PRÉVISIBLES ET DES HABITUDES SAINES..........................**69**

UNE VIE PRÉVISIBLE EST UNE VIE PAISIBLE *69*

INSTALLER DES ROUTINES *71*

Décidez Pourquoi Créer une Routine en Premier Lieu *71*

Décidez du Type de Routine..*72*

Dessiner votre Routine *73*

GÉRER LA PEUR DU CHANGEMENT DE VOTRE ENFANT...............*74*

CHANGEMENTS POSITIFS D'HABITUDES PAR UNE BOUCLE D'HABITUDES...........*77*

Isoler le Signal..*79*

Identifier la Routine..*80*

Expérimenter Différentes Récompenses....................*81*

ENSEIGNEMENTS DU CHAPITRE...................................*82*

CHAPITRE 6 : PRÉPAREZ VOTRE ENFANT AU MONDE - DÉVELOPPER LA CONSCIENCE ET LA RESPONSABILITÉ SOCIALE **85**

QU'EST-CE QUE LES COMPETENCES SOCIALES ?.............*86*

LES HUIT STADES DU DÉVELOPPEMENT HUMAIN *88*

Stade 1 : Confiance vs Méfiance..................................*88*

Stade 2 : Autonomie vs Honte *89*

Stade 3 : Initiative vs Culpabilité *89*

Stade 4 : Industrie vs Infériorité................................*90*

Stage 5 : Identité vs Confusion des Rôles.................*91*

Stade 6 : Intimité vs Isolement *92*

Stade 7 : Générativité Vs Stagnation........................*93*

Stade 8 : Intégrité vs Désespoir *93*

ENSEIGNER LA RESPONSABILITÉ SOCIALE À VOTRE ENFANT *94*

ENSEIGNEMENTS DU CHAPITRE....................................*97*

CHAPITRE 7 : SE METTRE DANS LA PEAU DE L'AUTRE **99**

TDAH ET EMPATHIE...*99*

STRATÉGIES ÂGE-PAR-ÂGE POUR DÉVELOPPER L'EMPATHIE DE VOTRE ENFANT *101*

Garçons entre 3 et 8 Ans *102*

Garçons entre 9 et 12 ans..*104*

Garçons entre 13 et 17 ans..*107*

PRATIQUER L'EMPATHIE GRÂCE À UNE COMMUNICATION ASSERTIVE *110*

La Méthode DESC Assertive 112
ENSEIGNEMENTS DU CHAPITRE 115

**CHAPITRE 8 : L'APPROCHE POSITIVE DE L'ÉDUCATION POUR GÉRER
LES COMPORTEMENTS DE DÉFIANCE** 117

LA RAISON POUR LAQUELLE VOTRE FILS SE COMPORTE MAL 118
La Punition Traditionnelle Ne Fonctionnera Pas 119
CINQ TYPES DE DISCIPLINE POSITIVE 121
Discipline Basée sur les Limites 122
Discipline Douce 123
Discipline Positive 124
Coaching Émotionnel 125
Modification de Comportement 126
ENSEIGNEMENTS DU CHAPITRE 127

CHAPITRE 9 : EXAGÉRER LES RÉCOMPENSES 129

VOTRE ENFANT A BESOIN DE PLUS DE MOTIVATION 129
COMMENT METTRE EN PLACE UN SYSTÈME DE RÉCOMPENSES 131
Tableau de Comportement du TDAH 134
Économie des Jetons 134
RENFORCEMENT POSITIF AVEC DES COMPLIMENTS 138
ENSEIGNEMENTS DU CHAPITRE 142

CHAPITRE 10 : EXERCICES ET JOURNAL DE BORD 145

ACTIVITÉS INTÉRIEURES DE RECHERCHE SENSORIELLE 145
Pâte à Modeler 146
Twister 146
Piscine à balles intérieure 147
Peinture à la gélatine 147
Boîte Sensorielle 148
EXERCICES D'AUTO-MAITRISE ET CONSIGNES 148
Pour et Contre 149
Réflexion Sur les Décisions 150
Pense-le ou dis-le ? 152
Identification des Comportements d'Auto-Contrôle 154
En Contrôle/Hors de Contrôle 156
EXERCICES ET CONSIGNES SUR LES HABITUDES SAINES 158
Réflexion Sur les Habitudes Actuelles 158
Briser la Boucle Négative des Habitudes 162
Planifier des Habitudes Positives 164
Tableau des Bonnes Habitudes 167

EXERCICES ET CONSIGNES DE COMMUNICATION 168
    Téléphone 169
    Conte en Images 169
    Miroir 169
    Poings 170
    Scenarios et scripts DESC 170

CONCLUSION 173

A PROPOS DE L'AUTEUR 175

UN MESSAGE DE L'AUTEUR 177

RÉFÉRENCES 179
    RÉFÉRENCES DES ILLUSTRATIONS 187

Introduction

Pour rester soi-même dans un monde qui s'évertue, jour et nuit, à vous rendre comme tout le monde, il faut gagner la plus rude bataille qu'un humain puisse livrer, et cette bataille est sans fin.
–E.E. Cummings

Élever un enfant atteint de TDAH n'est pas facile et souvent, amis, famille, et même docteurs et infirmiers, ne comprennent pas le stress constant que les parents vivent. Les garçons atteints de TDAH nécessitent une surveillance et des réprimandes, ce qui crée un sentiment de vigilance permanente.

Combien de fois par jour vous vous retournez pour vérifier ce que votre enfant a ramassé, jeté au sol, ouvert, fermé, ou cassé ? Combien de luttes de pouvoir surgissent lorsque vous essayez d'installer de la discipline ?

Le pire est que de nombreux ouvrages parentales, malheureusement, négligent les symptômes du TDAH lorsqu'ils prodiguent des conseils sur la communication, l'éducation, et la discipline des garçons hyperactifs et impulsifs. Par conséquent, dans la plupart des cas vous devez élaborer et chercher vos propres stratégies pour aider votre enfant à s'autoréguler.

Ajouté à ce stress, il y a une dynamique malsaine créée à la maison et à l'école lorsque votre petit garçon se bat pour avoir des relations positives avec les membres de sa famille, les enseignants et ses camarades de classe. La combinaison de l'impulsivité et des compétences sociales sous-développées rend plus difficile pour lui de contrôler de fortes émotions, de lire les signaux sociaux, ou d'empathiser avec les autres.

Comme mécanisme de défense, votre enfant frustré pourrait recourir à des comportements perturbateurs tels que des crises de colère, dire des choses inappropriées, ou attaquer physiquement les autres parce qu'il se sent incompris et invalide. Malheureusement, ces comportements perturbateurs sont ce à quoi beaucoup de gens font référence lorsqu'ils étiquettent le TDAH comme un "problème de comportement" plutôt qu'un trouble neurologique.

Alors, que faites-vous lorsque votre enfant présente ces défis développementaux et que l'éducation commence à ressembler à une bataille perdue d'avance ? Eh bien, la réponse n'est pas d'abandonner votre enfant, ou vous-même en tant que parent, mais de commencer lentement le processus de changement de votre perception du TDAH et de son effet sur le développement de votre enfant.

Le Dr Stuart Shanker, auteur de Self-Reg, croit qu'il n'y a pas de mauvais enfant, seulement un enfant qui n'a pas appris les compétences d'autorégulation. Dans son livre, il écrit : "Voyez un enfant différemment, et vous verrez un enfant différent" (Shanker & Barker, 2017). Ce conseil est vrai pour l'éducation des enfants atteints de TDAH, mais peut également s'appliquer à d'autres domaines de la vie.

Ce que vous pensez de votre vie, de votre travail, de votre santé ou de votre enfant détermine vos attitudes, vos décisions et votre approche générale envers eux. Si vous choisissez de voir un enfant problématique, alors peu importe son comportement (même s'il présente des comportements déviants typiques), vous répondrez avec moins d'empathie.

Cependant, si vous cherchez à comprendre votre enfant et à séparer le "garçon" du "trouble", vous pouvez être encouragé à voir un enfant différent : un enfant né avec un cerveau unique, et nécessitant un soutien supplémentaire et des conseils pour apprendre ce qui vient naturellement aux autres enfants.

Changer votre perception du TDAH et de son impact sur votre enfant ne changera pas le monde, ni la manière dont les autres interagissent avec votre garçon, mais cela peut renforcer positivement votre propre sentiment de bien-être, calmer vos peurs, et vous encourager à créer un environnement sûr où votre enfant peut s'épanouir.

En vérité, l'éducation n'est pas facile, encore moins lorsque vous élevez un enfant avec un handicap. Vous faites déjà de votre mieux, et tout au long de ce livre, vous apprendrez à aller plus loin et à répondre positivement aux besoins de votre enfant. Bien que l'hyperactivité et l'impulsivité peuvent être perturbatrices, elles sont également gérables et peuvent potentiellement révéler des forces uniques propres aux garçons atteints de TDAH, comme le fait d'être poussé par un objectif, hyper-focalisé, être créatif, et énergique !

Lire ce livre vous aidera à ouvrir les yeux et à voir votre enfant différemment. Vous obtiendrez également des stratégies pratiques et adaptées à chaque âge pour aider votre enfant à gérer le stress, résister aux réactions émotionnelles extrêmes, et à s'adapter positivement aux attentes sociales dans différents contextes (c'est-à-dire, à la maison et à l'école).

Chapitre 1 :

Élever Votre Boule D'énergie

Tout le monde est un génie. Mais si vous jugez un poisson à sa capacité de grimper à un arbre, il vivra toute sa vie en croyant qu'il est stupide
–Albert Einstein

Quel Type De TDAH Votre Enfant A-T-Il ?

Votre petit garçon est atteint de TDAH. Mais que signifie exactement cela ? Tout d'abord, cela signifie qu'il fait partie des 9,4 % d'enfants aux États-Unis qui ont été diagnostiqués avec une condition neurologique chronique qui affecte leur apprentissage, leurs émotions et leurs comportements.

Deuxièmement, étant donné qu'ils sont de sexe masculin, ils sont plus susceptibles de développer un TDAH hyperactif-impulsif, qui se caractérise généralement par des comportements hyperactifs et impulsifs.

Dans le livre associé, *Le Guide de l'Éducation des Enfants atteints de TDAH pour les Filles*, nous avons exploré le TDAH inattentif, le deuxième type de TDAH qui affecte principalement les filles. Cependant, il est important de noter que les garçons et les filles peuvent parfois présenter les deux types de TDAH. Pour les besoins de ce livre, nous discuterons des façons dont le TDAH hyperactif-impulsif affecte les jeunes garçons âgés de 3 à 17 ans.

Lorsqu'un médecin dit que votre enfant présente des symptômes hyperactifs et impulsifs, que veut-il dire exactement ? L'hyperactivité est l'état d'être constamment actif, au point de ne pas pouvoir rester assis ou se concentrer. Certains signes d'hyperactivité peuvent commencer à se manifester lorsque votre enfant est à la maternelle, mais ils sont clairement visibles lorsqu'il atteint l'école primaire. Ces signes peuvent inclure :

- Bouger sana arrêt en étant assis sur une chaise

- Se lever souvent pour marcher ou jouer

- Grimper sur des objets comme des tables ou des canapés

- Avoir du mal à jouer calmement, ou à faire des activités calmes comme lire ou faire ses devoirs

- Parler excessivement, et souvent couper la parole autres

Les comportements hyperactifs tendent à être plus perturbateurs chez les jeunes enfants en raison de leur incapacité à s'autoréguler. Ils peuvent avoir du mal à rester assis, à écouter des histoires, ou à participer à des activités de groupe. Plus les enfants grandissent, plus ils deviennent capables de gérer l'hyperactivité. Par exemple, les adolescents peuvent être capables de rester assis en classe, mais ils peuvent parfois montrer des signes d'agitation.

L'impulsivité, en revanche, est le fait de faire quelque chose sans réfléchir aux conséquences. Dans la plupart des cas, l'impulsivité est déclenchée par une pulsion ou une forte émotion qui semble insoutenable et ne peut pas être contenue. Les signes d'impulsivité comprennent :

- Être impatient ; difficulté à partager ou à attendre son tour

- Interrompre les autres pendant qu'ils parlent

- Avoir des réactions émotionnelles intenses lorsqu'on est en colère

- Répondre de façon impulsive avant d'avoir entendu la question complète

- Crier, insulter ou dire des choses inappropriées

La combinaison de l'hyperactivité et de l'impulsivité peut entraîner des accidents ou des comportements perturbateurs. Par exemple, en escaladant la table de la cuisine, votre enfant pourrait tomber et se blesser. Ou lorsqu'ils sont surstimulés en public, ils pourraient faire une crise de colère.

De plus, leur incapacité à s'autoréguler peut interférer avec leur capacité à apprendre et à établir des relations solides avec les autres. Ces symptômes peuvent, dans certains cas, être des signes précoces de troubles concomitants tels que le Trouble Oppositionnel avec Provocation (TOP). Des recherches montrent qu'entre 45 et 84 % des enfants atteints de TDAH répondront aux critères diagnostiques du TOP (Connor & Doerfler, 2009).

Cependant, tous les comportements de défiance ne pointent pas nécessairement vers le TOP. La principale différence entre les deux conditions est la suivante : l'enfant atteint de TDAH est déclenché par des stimuli dans son environnement et se met en colère, tandis que l'enfant atteint de TOP peut intentionnellement chercher des occasions de mal se comporter et de transgresser les règles.

Voir L'hyperactivité Et L'impulsivité Autrement

Quand vous pensez à l'hyperactivité et l'impulsivité, vous devez penser aux mots suivants :

- Chaos

- Problèmes

- Insupportable

- Dangereux

- Impoli

- Incontrôlable

Bien que ces perspectives soient toutes acceptables pour envisager ces symptômes, il existe également une autre façon de les voir qui peut vous aider à mieux comprendre votre fils. Cependant, avant de partager ce point de vue alternatif, il est important de préciser que chaque enfant se comporte mal de temps à autres, qu'il soit diagnostiqué avec un TDAH ou non.

Chaque parent traverse la phase des "terribles deux" et celle du "threenager" (trois ans) lorsque son enfant agit comme un petit tyran. Vous devrez dire "Non" une centaine de fois par jour, et faire toutes sortes de gestes en colère, et mettre votre enfant à l'écart sans voir de changements dans son comportement.

Ces comportements de défiance sont normaux pour cet âge car votre enfant est encore en train d'apprendre ce qui est acceptable et ce qui ne l'est pas. Ils ne sont pas "méchants", ils se comportent simplement comme des tout-petits.

Tout autant que nous pouvons compatir avec un tout-petit en train d'être un tout-petit, nous pouvons également compatir avec un jeune garçon présentant des signes de TDAH. Au cœur de l'hyperactivité et de l'impulsivité ne se trouvent pas le chaos ou la dysfonction, mais une énergie excessive. Selon le dictionnaire Merriam-Webster (2019), l'énergie est la capacité d'agir ou d'être actif. C'est la compulsion intérieure qui pousse un enfant à agir vers un objectif voulu.

Afficher beaucoup d'énergie est normal pour les enfants. La seule différence avec un enfant diagnostiqué avec un TDAH est que la libération de l'énergie ne semble pas avoir de fin. Du moment où votre enfant se réveille au moment où il se couche, il est constamment en mouvement.

La libération excessive d'énergie devient "chaotique" lorsqu'elle commence à être accablante pour votre enfant. Cela se produit généralement lorsque votre enfant se sent stressé ou anxieux. Ce que beaucoup de gens ne réalisent pas, c'est que les garçons atteints de TDAH sont sujets au stress et à l'anxiété en raison de la quantité importante d'adrénaline qui circule constamment dans leur corps. Même lorsque leur environnement externe est calme, l'afflux de pensées et d'émotions dans leur esprit peut déclencher de l'anxiété et produire une montée d'énergie.

La meilleure façon d'éviter le chaos est d'aider votre enfant à libérer son abondante énergie de manière sûre. L'échec à libérer cette énergie de manière sûre et à travers des comportements positifs peut entraîner des actes violents tels que des jets d'objets, des cris ou des explosions émotionnelles incontrôlables.

Ce que l'enfant essaie de communiquer à travers ces comportements perturbateurs, c'est qu'il se sent dépassé et désire un sentiment de contrôle. Les jeunes garçons, même les adolescents, ne comprennent pas toujours ce qui se passe à l'intérieur de leur corps lorsqu'ils ont besoin de libérer de l'énergie. Tout ce qu'ils savent, c'est qu'ils se sentent mal à l'aise et doivent faire quelque chose pour relâcher la pression.

Canaliser l'Énergie de Votre Enfant Par des Activités Positives

L'énergie abondante de votre enfant peut être perçue comme un problème ou une opportunité, selon la façon dont vous la considérez. Lorsque vous remarquez que votre fils déborde d'énergie dans la maison, c'est peut-être le moment idéal pour sortir prendre l'air.

L'objectif est de l'aider à libérer une partie de cette énergie en participant à des activités positives. L'opportunité ici est que vous pouvez lui enseigner des compétences créatives de développement moteur, de résolution de problèmes, de coordination et d'autorégulation tout en participant à des activités amusantes.

Voici une liste d'activités positives qui peuvent aider votre enfant à dépenser de l'énergie :

1. Participer à des activités physiques

L'INS recommande que les enfants âgés de cinq ans et plus reçoivent au moins 60 minutes d'activité physique, de modérée à intense chaque jour. Il existe différents types d'activités physiques que votre enfant pourrait apprécier, comme jouer à des jeux de course (par exemple, le chat, feu rouge feu vert, etc.), sauter sur un trampoline ou pratiquer des sports. Certains garçons hyperactifs aiment les sports rapides et de contact, comme le football, le basketball ou le karaté, tandis que d'autres préfèrent les sports individuels comme le tennis ou la natation.

2. Faire du bénévolat

Une autre activité positive est le bénévolat. Ce qui est génial avec cette activité, c'est que votre enfant peut choisir le type de cause sociale qu'il souhaite soutenir, et comment il souhaite aider. Par exemple, si votre enfant aime la nature, vous pouvez vous promener dans le quartier à la recherche de déchets à ramasser. S'ils aiment cuisiner, vous pouvez préparer des plats à la maison, puis les déposer ensemble dans un refuge local. Grâce au travail bénévole, votre enfant développera également des compétences sociales et améliorera son intelligence émotionnelle.

3. Inscrivez votre enfant à des cours de créativité

La recherche montre que les enfants atteints de TDAH sont des penseurs divergents incroyablement doués. Ils sont attirés par des tâches telles que la construction de nouveaux objets (projets de bricolage), le brainstorming, la création d'œuvres d'art uniques et l'utilisation de leur imagination. Trouvez des cours de créativité adaptés aux enfants dans votre région auxquels vous pouvez inscrire votre enfant, afin qu'ils puissent libérer de l'énergie par la stimulation mentale.

4. Passez plus de temps à l'extérieur

Être en contact avec la nature a un effet apaisant sur l'esprit et peut améliorer l'humeur globale. Les enfants hyperactifs qui jouent dehors ont une voie sûre pour libérer le stress et l'anxiété, et réguler leur système nerveux. Organisez des activités extérieures amusantes pour vous et votre enfant et demandez-lui de vous aider à les préparer. Des exemples d'activités amusantes comprennent un pique-nique, du camping, du jardinage ou la promenade du chien.

5. Donnez à votre enfant des tâches adaptées à son âge

Une autre façon positive de libérer de l'énergie est de confier à votre enfant des tâches adaptées à son âge. Non seulement c'est un excellent moyen d'enseigner à votre enfant l'importance de la collaboration et du suivi des instructions, mais cela peut également renforcer son estime de soi et créer du plaisir. Les enfants hyperactifs peuvent être plus réceptifs aux tâches si elles sont présentées comme des compétitions, alors créez des défis de tâches et assurez-vous d'avoir des récompenses prêtes ensuite !

Les garçons atteints de TDAH ont besoin d'activités plus exaltantes et créatives pour se sentir calmes et équilibrés. Trouvez des moyens d'incorporer certaines des activités mentionnées ci-dessus dans la routine quotidienne de votre enfant. Rappelez-vous, 60 minutes est la quantité minimale d'activité physique recommandée pour les enfants sur une base quotidienne. Utilisez cela comme référence lorsque vous structurez la routine de votre enfant.

Aider votre fils à libérer la tension émotionnelle

Tous les jeunes garçons atteints de TDAH ne se sentent pas à l'aise pour exprimer leurs émotions. Certains choisissent d'internaliser leurs sentiments forts, plutôt que de les libérer ouvertement. Cela peut être dû à des attentes culturelles qui poussent les garçons à "s'endurcir" et à éviter les manifestations visibles d'émotion. Les tout-petits et les enfants d'âge préscolaire peuvent avoir le fardeau supplémentaire de ne pas pouvoir verbaliser ce qu'ils ressentent, ce qui peut être extrêmement frustrant pour eux. Pour communiquer ce qu'ils ressentent, ils peuvent souvent pleurer ou faire preuve de violences physique.

Certains garçons, surtout les adolescents, peuvent se pousser à l'extrême et se détacher complètement de leurs émotions. Pour les observateurs, cela peut les faire paraître insensibles ou égocentriques. Cependant, si vous le regardez de leur point de vue, c'est simplement un acte d'autoprotection.

Imaginez simplement que vous soyez submergé par des émotions intenses mais que vous ne pouvez pas montrer de signes de celles-ci. Pour réduire l'intensité, ne vous déconnecteriez-vous pas de vos sentiments jusqu'à ce que vous trouviez un meilleur moyen de les gérer ?

Si vous soupçonnez que votre enfant pourrait refouler ses émotions, il est important d'intervenir. Certains signes physiques à surveiller sont les plaintes de douleurs abdominales, de maux de tête ou de manque d'appétit. Vous pouvez également remarquer que l'estime de soi de votre enfant a baissé. Par exemple, ils pourraient avoir du mal à se faire des amis, préférer être seuls, avoir tendance à éviter les nouveaux défis ou avoir une perception négative de lui-même.

N'oubliez pas, les émotions portent aussi de l'énergie ; il est donc vital que votre fils apprenne différentes façons d'exprimer ce qu'il ressent et de libérer la tension. Enseigner à votre enfant à exprimer ses émotions consiste à lui fournir le bon langage et à créer un espace émotionnel sûr qui favorise cette vulnérabilité.

Voici cinq stratégies utiles pour les garçons de tout âge :

1. Jeux de rôle

Imaginez des scénarios de la vie réelle qui déclencheraient des émotions fortes. Gardez les scénarios simples et pertinents pour l'âge et le style de vie de votre enfant. Par exemple, vous pourriez leur demander d'imaginer qu'ils ne sont pas autorisés à jouer dehors, qu'ils se font crier dessus par un enseignant, ou qu'ils ont du mal à terminer leurs devoirs.

Posez-leur des questions comme : quelles pensées traverseraient leur esprit, quelles sensations parcourraient leur corps, et quelles émotions ils ressentiraient. Aidez les petits garçons à verbaliser leurs émotions en ayant des cartes avec différents mots et photos d'émotions.

2. Études des expressions faciales

Achetez quelques magazines et livres d'images et passez-les en revue à la recherche de différents types d'expressions faciales. Arrêtez-vous à chaque visage et demandez à votre enfant quelle émotion il voit. S'ils ne sont pas encore capables de verbaliser les émotions, ayez un jeu de cartes avec vous. Selon la maturité de votre enfant, vous pouvez aller plus loin et leur demander d'imaginer pourquoi la personne se sent ainsi, et quels indices dans l'arrière-plan le montrent.

3. Exprimer des émotions de manière créative

Certains enfants aiment s'exprimer à travers l'art. Si votre enfant semble stressé ou tendu, sortez quelques fournitures d'art, comme une grande feuille de papier, des crayons de couleur et des marqueurs, et demandez-leur de dessiner ce qu'ils ressentent. Cet exercice créatif peut aider votre enfant à traiter et à libérer des émotions fortes, et à se sentir soulagé. Outre le dessin, les garçons plus âgés pourraient aimer créer de la poésie, des paroles de chanson, ou une chorégraphie pour exprimer ce qu'ils ressentent. Soyez ouvert à différentes formes d'expression artistique.

4. Journal

Tenir un journal est une technique thérapeutique plus adaptée aux enfants plus âgés capables de réfléchir à leurs pensées et à leurs sentiments. Achetez un carnet à votre enfant et encouragez-le à écrire sur les événements stressants de sa vie, comme être rejeté par des amis, échouer à un test, se disputer avec des enseignants, etc. Tenir un journal est un moyen positif pour votre enfant de libérer la frustration et de donner un sens à ses propres expériences de vie.

5. Modéliser des comportements positifs

Apprenez à votre enfant à gérer ses émotions fortes en lui montrant des comportements positifs. Soyez conscient de la manière dont vous gérez le stress et l'anxiété, ainsi que de ce que vous dites lorsque vous êtes contrarié. Réalisez que votre enfant reproduira vos comportements. Par exemple, si vous voulez qu'ils soient plus ouverts sur ce qu'ils ressentent, soyez prêt à partager ce que vous ressentez lorsque quelque chose vous contrarie. Il est également important que votre enfant vous voie mettre en pratique des stratégies saines de gestion, telles que prendre du temps pour vous, faire des exercices de respiration, écouter de la musique ou lire un livre.

Pour que votre fils se sente à l'aise avec ses propres sentiments, vous devez vous sentir à l'aise en les acceptant. Prenez un peu de temps pour explorer vos propres émotions et identifier les situations qui provoquent du stress et de l'anxiété. Examinez profondément ces situations et découvrez ce qui déclenche exactement vos émotions fortes. Pourrait-il y avoir des peurs sous-jacentes ou des traumatismes qui sont toujours actifs dans le contexte de votre vie ? Continuez à explorer vos émotions jusqu'à ce que vous puissiez accepter et embrasser vos sentiments, plutôt que de les éviter.

Rechargez vos batteries pour mieux faire face

Élever des enfants avec une énergie immense peut être épuisant pour les parents ! Prendre régulièrement des pauses pour se reposer et se ressourcer devrait être quelque chose de fréquent pour éviter l'épuisement parental. Oui, l'épuisement parental existe ! Il peut être décrit comme un état d'épuisement physique, mental et émotionnel dû aux responsabilités parentales. Les premiers signes comprennent :

- Fatigue chronique

- Stress chronique

- Changements dans les habitudes alimentaires et de sommeil

- Manque de motivation

- Isolement

- Sentiments d'insuffisance

- Détachement émotionnel

Le Burn-out parental n'est pas un phénomène nouveau ; cependant, les médecins ont enfin un nom pour cela. Pendant des siècles, il a été considéré comme "normal" que les mères assument une plus grande part des responsabilités parentales que les pères. Mais avec de plus en plus de femmes entrant sur le marché du travail et devant jongler avec la parentalité ainsi qu'avec d'autres responsabilités professionnelles, domestiques et financières, elles sont vulnérables au stress et à l'anxiété.

Selon la psychologue Martha Horta-Granados, les parents avec de mauvaises stratégies de gestion, une faible résilience et une faible tolérance à la frustration sont plus susceptibles de vivre un épuisement parental (Zapata, 2021). Pour prévenir l'épuisement, il est crucial pour les parents de reconnaître les premiers signes et symptômes, et de pratiquer des stratégies de gestion positives, telles que :

1. Apprendre à reconnaître les premiers signes d'avertissement

Il y a généralement des symptômes physiques et émotionnels précoces de stress qui surviennent avant que vous ne soyez déclenché. Par exemple, vous pourriez remarquer que vous vous sentez irritable, nerveux, ou découragé sans raison apparente. Ou, tout à coup, votre rythme cardiaque s'accélère, vous vous sentez étourdi, ou vous avez du mal à vous concentrer. Lorsque vous parlez à votre enfant, vous pouvez être impatient ou critique.

Dès que vous reconnaissez ces premiers signes d'alerte de stress, il est important de cesser ce que vous faites et de prendre le temps de vous calmer.

2. Planifier des pauses quotidiennes

Lorsque vous élevez un garçon avec TDAH, des pauses quotidiennes sont essentielles. Tout autant que votre fils a besoin d'un exutoire pour libérer son énergie, vous avez besoin de temps seul pour vous ressourcer. Planifiez des pauses de cinq minutes par jour dans votre routine pour vous donner un moment pour décompresser. Ces pauses peuvent être prises lorsque votre enfant mange, fait la sieste, joue, est à l'école, ou fait ses devoirs.

3. Planifier à l'avance les moments stressants de la journée

Chaque parent a un moment spécifique de la journée où son niveau de stress semble atteindre son apogée. Pour certains, cela peut être le matin lorsqu'ils préparent leurs enfants pour l'école, et pour d'autres, cela peut être l'après-midi lorsqu'ils luttent pour que leurs enfants s'assoient et fassent leurs devoirs. Avoir un plan bien pensé sur la façon de gérer cette période stressante de la journée peut réduire l'anxiété et la frustration.

Par exemple, si votre enfant entre en conflit dès que l'heure des devoirs arrive, vous pouvez les faire commencer les devoirs dès leur retour de l'école (après avoir déjeuné), puis faire du temps de jeu une récompense. La règle serait : s'ils peuvent s'asseoir pendant 20 minutes et faire leurs devoirs, alors ils peuvent avoir une heure pour jouer dehors (ou participer à une activité surprise que vous avez prévue).

4. Améliorer vos habitudes de sommeil

La recherche montre que les parents et les enfants qui dorment suffisamment sont plus résilients face aux défis (Gordon & Barnes, 2020). En tant que parent, lorsque vous êtes bien reposés, vous pouvez penser clairement et être plus réceptifs aux besoins de votre enfant. La quantité de sommeil recommandée quotidiennement aux États-Unis est de 7 à 9 heures. Décidez de votre heure de réveil idéale et comptez en arrière pour voir à quelle heure vous devriez vous coucher.

Améliorer vos habitudes de sommeil ne consiste pas seulement à maintenir un horaire de coucher, mais aussi à être conscient de la façon dont vous vous détendez avant de vous coucher. Si possible, allouez 30 à 60 minutes avant votre heure de coucher à des activités apaisantes comme boire du thé à la camomille, lire un livre, écouter de la musique douce, ou vous asseoir dehors dans le jardin. Évitez les boissons caféinées et alcoolisées, ou les collations sucrées, car elles peuvent vous empêcher de dormir la nuit ou perturber votre sommeil.

5. Pratiquer la respiration profonde

La respiration abdominale, également appelée respiration profonde, est une technique de relaxation qui peut réduire instantanément les sentiments de stress et d'anxiété. Le but est de prendre des inspirations et des expirations plus profondes et plus lentes pour permettre d'acheminer plus d'oxygène au cerveau. Un exercice de respiration simple à pratiquer est appelé respiration en carré. Imaginez que chaque inspiration et expiration trace le contour d'un carré. Commencez par inspirer lentement pendant trois temps, faites une pause pendant trois temps, expirez lentement pendant trois temps, puis retenez votre respiration pendant les trois derniers temps. Répétez ce schéma jusqu'à ce que vous vous sentiez calme.

6. Avoir un bon fou rire

Vous pouvez être quelqu'un qui retient le stress dans son visage, et qui a tendance à serrer les mâchoires, serrer les lèvres, ou froncer souvent les sourcils. Sourire et rire peuvent vous aider à soulager la tension faciale, à réduire les hormones du stress, et à avoir un impact positif sur votre humeur. Apprenez à trouver de l'humour dans les luttes quotidiennes de la vie en riant de vous-même, en riant avec votre enfant, et en trouvant des moyens d'apporter un peu de jeu aux tâches quotidiennes. Connectez-vous à votre propre enfant intérieur et soyez spontané dans la façon dont vous interagissez et jouez avec votre famille. Vous pouvez faire quelques blagues, faire quelques farces amusantes, et faire en sorte que le temps de jeu en famille soit quelque chose à attendre avec impatience !

7. Retrouvez votre vie sociale

La parentalité est un travail à plein temps, mais elle ne doit pas prendre la majeure partie de votre vie. Pensez à la parentalité comme à l'un des nombreux costumes que vous portez. Outre le fait d'être parent, vous êtes aussi le fils ou la fille de quelqu'un, le frère ou la sœur de quelqu'un, le collègue de quelqu'un, le conjoint de quelqu'un, et l'ami de quelqu'un. Avec une meilleure gestion du temps, vous pouvez trouver des moyens de raviver votre vie sociale et d'investir dans ces relations importantes.

Par exemple, chaque semaine ou toutes les deux semaines, vous pouvez aller à un rendez-vous avec votre conjoint, prendre un café avec un ami, ou planifier une activité qui implique votre famille élargie. Comme vous élevez un enfant avec un handicap, il peut également être formidable de se connecter avec d'autres parents qui partagent des expériences parentales similaires et qui peuvent vous offrir des conseils et un soutien émotionnel. Vous trouverez de nombreux groupes de soutien et forums sur le TDAH en ligne auxquels vous pouvez participer.

Enseignements Du Chapitre

- Les jeunes garçons sont plus susceptibles de recevoir un diagnostic de TDAH hyperactif-impulsif, ce qui, parmi d'autres symptômes, rend plus difficile pour eux de rester assis et de réguler leurs émotions.

- Lorsque ces symptômes ne sont pas maîtrisés, ils peuvent causer beaucoup de perturbations à la maison et à l'école. Pour limiter les perturbations, vous pouvez aider votre enfant à trouver des moyens de libérer le trop plein d'énergie qu'ils retiennent à l'intérieur.

- Il est non seulement important de les aider à libérer la tension physique, mais vous pouvez également leur apprendre à libérer la tension émotionnelle. Comme beaucoup de garçons atteints de TDAH ont du mal à verbaliser leurs émotions, en partie en raison des attentes culturelles, soyez attentif aux signes de refoulement émotionnelle et proposez des moyens simples et créatifs de libérer de fortes émotions.

Élever un garçon avec TDAH peut être épuisant et les parents, en particulier les mères, sont plus vulnérables à l'épuisement parental. Pour prévenir l'épuisement parental, il est important de donner la priorité à votre bien-être et de prendre régulièrement des pauses tout au long de votre journée.

Chapitre 2 :

Le Déclencheur Numéro Un Qui Provoque Les Réactions De Votre Enfant

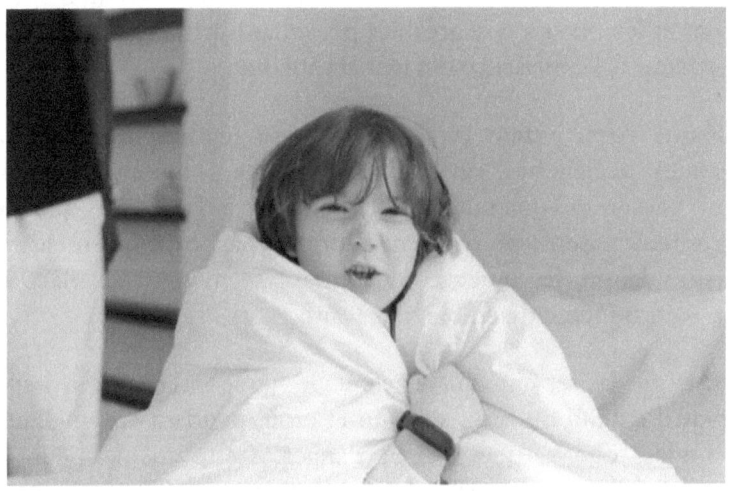

Une forte stimulation est à la fois excitante et déroutante pour les personnes atteintes de TDAH, car elles peuvent se sentir submergées et surstimulées facilement sans se rendre compte qu'elles approchent de ce point. –Jenara Nerenberg

Qu'est-Ce Que La Surstimulation ?

Imaginez marcher dans un méga centre commercial, avec des échos de milliers de voix, pendant les heures les plus fréquentées de la journée, avec très peu de climatisation et loin de la sortie. Un mot qui pourrait décrire votre expérience est la panique, et curieusement, la panique est un état communément ressenti par les garçons atteints de TDAH.

Cela est dû à un phénomène appelé surstimulation qui se produit lorsque le cerveau TDAH est surchargé d'informations sensorielles. Contrairement aux cerveaux commun, il n'est pas équipé pour traiter beaucoup d'informations sensorielles à la fois. Par exemple, se promener dans un parc calme par temps couvert peut être relaxant pour votre fils. Mais dès que vous ajoutez la luminosité du soleil de midi, les sons d'enfants qui crient et les odeurs désagréables provenant du camion-poubelle à proximité, l'expérience devient accablante.

Lorsque votre enfant est surstimulé, sa réponse naturelle au stress est déclenchée. En quelques minutes, son comportement peut passer de détendu à irrité et mal à l'aise. Ce que de nombreux parents ne réalisent peut-être pas, c'est qu'en cas de surstimulation, les défenses de l'enfant se mettent en place et son environnement semble menaçant.

Pensez à la terreur qui envahit le visage d'un nourrisson lorsqu'il entend un bruit soudain et croit, pendant ces quelques secondes, que sa vie est en danger. Cette même peur et sensibilité sont ce qu'un enfant atteint de TDAH ressent lorsqu'il est surstimulé. La réaction des enfants lorsqu'ils sont surstimulés varie. Certains garçons peuvent devenir visiblement perturbés et défensifs. Leur impulsivité prend le dessus et ils peuvent crier, insulter ou devenir physiquement agressifs. D'autres peuvent s'isoler ou éviter délibérément les situations qui pourraient être détonantes, comme le terrain de jeu, les espaces extérieurs lumineux comme la plage, les centres commerciaux ou aller au cinéma.

Il vaut également la peine de découvrir quels types d'informations sensorielles votre enfant tolère peu, car souvent, vous pouvez trouver qu'il y a un type spécifique de déclencheur sensoriel qu'il ne peut pas supporter. Par exemple, certains garçons atteints de TDAH peuvent ne pas avoir de problème avec les bruits forts, mais sont extrêmement sensibles au toucher. Porter certains tissus, marcher pieds nus ou être câlinés ou embrassés sont quelques-unes des choses qui peuvent les rendre profondément mal à l'aise. Ce n'est qu'en observant votre enfant que vous pouvez en apprendre davantage sur ses déclencheurs.

Aider Votre Enfant à Identifier les Déclencheurs Sensoriels

Lorsque les problèmes de traitement sensoriel ne sont pas abordés, ils peuvent affecter le sentiment de confort et de sécurité de votre enfant et interférer avec son fonctionnement quotidien. Par exemple, être grondé par un enseignant peut être tellement perturbant que cela rend difficile pour lui de se concentrer à l'école.

Il n'est pas non plus sain pour votre enfant d'être en mode "lutte ou fuite" pendant une période prolongée. Non seulement cela peut compromettre son système immunitaire (le rendant plus susceptible aux maladies physiques), mais cela peut également aggraver ses symptômes de TDAH.

Dès le plus jeune âge, vous pouvez aider votre enfant à identifier ses déclencheurs sensoriels. Cela peut être aussi simple que de garder un carnet à portée de main et d'enregistrer les sensations courantes que votre enfant trouve inconfortables.

Plus tard, vous pouvez leur apprendre à éviter leurs déclencheurs grâce à l'auto-plaidoyer. Par exemple, vous pourriez leur apprendre à décliner poliment un sandwich au beurre de cacahuète chez un ami parce qu'ils n'aiment pas l'odeur ou le goût des cacahuètes, ou comment fixer des limites physiques pour qu'ils ne reçoivent pas de câlins non désirés.

Ci-dessous se trouve une liste de déclencheurs sensoriels courants et quelques façons de les gérer :

Sensibilité Tactile

Lorsque votre enfant est sensible au toucher ou aux textures, la "sensation" des objets ou le contact personnel avec une autre personne peut le rendre mal à l'aise. Les déclencheurs courants incluent :

- La texture de certains aliments et tissus

- Le contact physique non désiré

- La sensation que quelqu'un lui brosse les cheveux

- Le toucher de choses qui collent aux mains

Gérez ce déclencheur en allant faire du shopping avec votre enfant et en lui faisant essayer différents types de tissus. S'ils sont sensibles aux étiquettes de vêtements, coupez-les soigneusement avec une paire de ciseaux. En ce qui concerne les textures de certains aliments, préparez différents repas à la maison et voyez quels ingrédients votre enfant laisse sur l'assiette ou recrache.

Sensibilité Auditive

Les sensibilités au son peuvent amener votre enfant à réagir à différents types de bruits. Ce n'est pas nécessairement un bruit fort, bien que ce soit courant. Il s'agit généralement de tout son que votre enfant trouve désagréable. Les déclencheurs courants incluent :

- Le volume élevé à la radio, à la télévision, etc.

- Entendre des chiens aboyer

- Les feux d'artifice

- Entendre quelqu'un mâcher ou lécher

- Être dans un centre commercial bruyant, une fête ou un restaurant

Vous pouvez gérer ce déclencheur en achetant une paire de bouchons d'oreilles ou un casque antibruit pour bloquer les sons. Parfois, surtout lorsque votre enfant est en public, vous devrez comprendre leur besoin de porter des écouteurs. Peut-être pouvez-vous définir des limites autour de quand il est approprié ou inapproprié de porter des écouteurs. (Par exemple, se promener dans le centre commercial avec des écouteurs est approprié, mais inapproprié lorsqu'ils sont en compagnie d'amis ou lorsqu'un enseignant donne une leçon).

Sensibilité Visuelle

Votre enfant peut être sensible aux couleurs vives et à la lumière, ou être dans un environnement encombré. En général, ils préfèrent être dans des espaces bien rangés, organisés et sans beaucoup de choses. Les déclencheurs courants incluent :

- Lumière vive

- Jeux vidéo

- Dessins animés et autres émissions de télévision

- Environnement encombré (y compris un endroit sale)

Certaines des façons de gérer les déclencheurs comprennent encourager votre enfant à porter un chapeau ou des lunettes de soleil lorsqu'ils jouent à l'extérieur, remplacer les ampoules fluorescentes par des lumières allogènes dans la maison (ou au moins la chambre de votre enfant), et surveiller le temps d'écran de votre enfant (en imposant des restrictions pour certains programmes trop stimulants).

Sensibilité Olfactive

Les odeurs différentes, inhabituelles ou fortes peuvent être désagréables pour un enfant qui est particulièrement sensible aux odeurs. Cela signifie également qu'ils peuvent percevoir des odeurs qui persistent dans l'air que d'autres pourraient ne pas remarquer. Les déclencheurs courants incluent :

- Parfums et eaux de Cologne forts

- Fumée de cigarette

- Odeurs d'une poubelle

- Certaines épices ou ingrédients alimentaires

Vous pouvez gérer ces déclencheurs en identifiant quels types de parfums votre enfant trouve désagréables. Faites attention aux fragrances qui persistent dans la maison, aux présentoirs de fleurs et aux épices avec lesquelles vous cuisinez. Vous pouvez également juger en fonction de la réaction de votre enfant. Par exemple, s'ils pincent leur nez ou ont l'impression de vouloir vomir, remarquez où ils sont et ce qu'ils tiennent ou se tiennent à proximité.

Sensibilité au Goût

Enfin, votre enfant peut être sensible à la façon dont certains aliments ou boissons ont un goût. Si tel est le cas, ils refuseront probablement de manger ces aliments. Veuillez noter qu'il ne s'agit pas d'un cas typique de refus de manger des légumes, mais plutôt d'une sensibilité au dégoût à certains aliments. Les déclencheurs courants incluent :

- Nourriture chaude (température)

- Nourriture épicée (piquant)

- Nourriture froide (température)

- Aliments sucrés, acides ou salés

- Nourriture texturée (c'est-à-dire, de la nourriture en purée, trop croquante ou collante)

Une des façons de faire la différence entre les aliments que votre enfant n'aime pas et ceux auxquels ils sont sensibles est d'observer leurs réactions. S'ils n'aiment pas un certain ingrédient ou aliment, ils pourraient le pousser autour de l'assiette, le retirer d'un sandwich ou en manger de petites quantités ; bien que, lorsqu'ils y sont sensibles, ils peuvent pleurer ou paniquer lorsqu'ils le voient dans leur assiette.

Que Se Passe-T-Il Lorsque Votre Enfant Veut Plus (Et Non Moins) D'informations Sensorielles ?

D'autres garçons atteints de TDAH peuvent avoir un autre type de problème de traitement sensoriel. Au lieu de rechercher moins d'informations sensorielles, ils en recherchent davantage. Par exemple, ils peuvent aimer toucher des objets ou être affectueux avec les gens. Ils peuvent également avoir un seuil de douleur élevé et préférer jouer brutalement avec d'autres enfants, sans se rendre compte qu'ils les blessent.

Voici quelques exemples de comportements de recherche sensorielle :

- Apprécier les jeux salissants (par exemple, peinture à la main, se rouler dans la boue)

- Mâcher des vêtements

- Bousculer les gens

- Lécher ou mâcher des objets non comestibles

- Se frotter contre les murs

- Tourner en rond

- Apprécier la lumière du soleil, les stroboscopes et les objets brillants

- Apprécier d'être dans des endroits bruyants et bondés

- Apprécier les jeux brusques comme la lutte

Gardez à l'esprit que certains enfants peuvent présenter les deux types de problèmes de traitement sensoriel, dans différents contextes. Par exemple, ils peuvent avoir des sensibilités auditives, mais aimer et rechercher le contact physique. C'est pourquoi il est important d'observer votre enfant et d'apprendre quels sont ses déclencheurs et ce dont il a le plus envie.

Avant d'exposer votre enfant à davantage d'activités sensorielles, envisagez la sécurité et les implications de ces activités. Certaines activités, comme jouer dehors sur un trampoline ou des parcours d'obstacles, sont relativement sans danger, tandis que d'autres peuvent entraîner une dépendance et une isolation sociale.

Par exemple, si votre enfant aime la stimulation visuelle, définissez des limites autour de la durée pendant laquelle il peut jouer à des jeux vidéo, consulter les réseaux sociaux ou regarder la télévision. S'ils aiment le contact physique, apprenez-leur à respecter les limites physiques des autres personnes et quand il est acceptable ou inacceptable de les étreindre, de les embrasser ou de se tenir près d'eux.

Vous n'avez pas non plus à vous sentir coupable de dire "non" à certaines activités sensorielles intenses comme la lutte, qui peut être très dangereuse pour votre enfant. Il y a toujours des options plus sûres que vous pouvez présenter à votre enfant qui ne comportent pas les mêmes risques.

Par exemple, si vous avez une politique de tolérance zéro pour les jeux brusques, vous pouvez inscrire votre fils à un cours d'arts martiaux, où il apprendra à libérer son énergie de manière contrôlée. Ou si vous ne voulez pas que votre enfant mordille ou mâchouille des objets non comestibles, présentez-lui différents aliments croquants et moelleux pendant les repas, ou demandez-lui de vous aider à préparer les repas afin qu'il puisse goûter les ingrédients pendant le processus.

Veuillez garder à l'esprit que votre enfant peut rapidement se lasser des mêmes activités sensorielles intenses, surtout en grandissant et en atteignant l'adolescence. Ils peuvent s'intéresser à d'autres sports, événements sociaux, aliments, contacts physiques et musiques. Faites vos propres recherches et examinez la sécurité de ces activités pour votre enfant. S'ils sont encore trop jeunes pour participer à certaines activités, cherchez des alternatives. Néanmoins, l'expérimentation est saine et n'est pas quelque chose à éviter.

Enseignements du chapitre

- Le principal déclencheur de votre enfant est la surstimulation. Cela se produit lorsque le cerveau de votre enfant a du mal à traiter les informations sensorielles de l'environnement.

- Les signes indiquant que votre enfant peut être surstimulé comprennent les pleurs, les crises de colère, les attaques de panique ou l'isolement. Lorsque cela se produit, votre objectif doit être d'identifier les stimuli qui ont déclenché votre enfant et de les éliminer (si possible).

- Une fois que vous avez identifié les déclencheurs sensoriels de votre enfant, il est beaucoup plus facile de planifier à l'avance pour éviter l'exposition. Vous pouvez également apprendre à votre enfant à plaider en faveur de lui-même en public, par exemple en refusant poliment certains aliments qui sont des déclencheurs.

- Il est également possible que votre enfant ait un autre type de problème sensoriel, où il recherche plus de stimulation. Observez quel type de stimulation votre enfant recherche et trouvez des activités saines dans lesquelles il peut s'engager. Il est acceptable de fixer des limites et d'interdire certains comportements sensoriels intenses, surtout lorsqu'ils sont risqués ou inappropriés pour l'âge de votre enfant.

Le dernier chapitre inclura une liste d'activités de recherche sensorielle que vous pouvez présenter à votre enfant.

Chapitre 3 :

Comment Gérer Les Émotions Explosives De Votre Enfant Sans Perdre Le Contrôle

L'impulsivité émotionnelle du TDAH peut rendre plus facile de perdre son sang-froid ou de dire des choses blessantes.
—ADDitude Magazine

Le Cerveau Et Les Émotions Liés Au TDAH

La dysrégulation émotionnelle n'est pas incluse dans les critères diagnostiques du TDAH. Cependant, des recherches suffisantes suggèrent que les enfants atteints de TDAH ont du mal à contrôler leurs émotions.

Une étude de recherche de 2020 a invité 67 jeunes enfants âgés de 10 à 14 ans à participer à test de persistance de traçage dans un miroir (TPTM), un jeu informatique qui mesure la détresse et la tolérance à la frustration. Les enfants ont été divisés en deux groupes : ceux qui répondaient aux critères du DSM-5 pour le TDAH et ceux qui n'avaient pas de TDAH. Les résultats ont montré que le groupe d'enfants atteints de TDAH était plus susceptible d'abandonner la tâche que le groupe sans TDAH, ce qui indiquait des niveaux de tolérance à la frustration plus bas (Seymour et al., 2016).

Un des mythes courants sur le TDAH est qu'il s'agit d'un trouble comportemental. Le problème, selon certaines personnes, est que les enfants atteints de TDAH ne savent tout simplement pas se comporter correctement. Un enfant en plein meltdown émotionnel est parfois pris à tort pour un enfant en quête d'attention. Cependant, la véritable source de leurs défis émotionnels commence dans le cerveau.

Le TDAH affecte le fonctionnement du cerveau, ce qui entraîne des altérations cognitives, émotionnelles et comportementales. Par exemple, en raison d'une mémoire de travail altérée, votre enfant pourrait réagir de manière excessive chaque fois qu'il ressent une émotion forte, car cela semble aussi intense que la première fois qu'il a ressenti l'émotion. De plus, une mémoire de travail altérée peut rendre plus difficile pour votre enfant de reconnaître et de répondre de manière appropriée aux émotions des autres.

Un autre phénomène courant unique aux enfants atteints de TDAH est ce qu'on appelle le submersion. Cela se produit lorsque le cerveau de votre enfant est submergé et complètement submergé par une émotion intense et temporaire. Imaginez que vous travailliez sur votre ordinateur et que soudain, votre écran se fige. Vous ne pouvez pas déplacer votre souris, rafraîchir votre écran ou redémarrer votre appareil. Pendant ces quelques minutes (qui pourraient très bien sembler longues), vous êtes impuissant face à l'erreur qui s'est produite.

La même analogie peut être utilisée pour expliquer l'expérience de submersion. Pendant ces quelques minutes (qui semblent une éternité pour votre fils), il est submergé par une seule émotion intense qui le laisse paralysé. Il ne peut pas recourir à des stratégies d'adaptation car cette partie de son cerveau responsable du raisonnement logique est temporairement désactivée. Tout ce à quoi il peut se concentrer est l'unique émotion qui a submergé son cerveau, rien d'autre ne semble avoir d'importance. Cela explique pourquoi votre enfant met longtemps à se calmer et à retrouver son état normal après avoir été altéré.

Vous vous demandez peut-être quels sont les effets à long terme de la lutte de votre enfant pour reconnaître, traiter et contrôler ses émotions. Voici quelques points à considérer :

- **Luttes contre l'anxiété sociale.** Les garçons atteints de TDAH, en particulier les adolescents, risquent de souffrir d'anxiété sociale. Cela a à voir avec leur peur de la réaction des autres après avoir appris leur diagnostic ou remarqué des différences dans leur comportement.

- **Refoulement des émotions désagréables.** Certains garçons peuvent décider qu'il vaut mieux refouler ou nier leurs émotions au lieu de trouver des moyens d'y faire face. Lorsque cela se produit, ils peuvent recourir à des comportements d'évitement comme remettre à plus tard l'étude pour les contrôles, se tourner vers la musique ou une autre distraction quand ils se sentent déprimés, ou se dissocier mentalement (se déconnecter de leurs pensées, souvenirs et environnement).

- **Se perdre dans les émotions.** Il est également possible que les garçons se concentrent trop intensément sur leurs sentiments, au point d'atteindre un état de panique. Ce qui provoque souvent cela, c'est l'incapacité à rationaliser les expériences, comme être capable de reconnaître une menace réelle d'une menace imaginaire.

- **Changements d'humeur fréquents ou tristesse persistante**. Vivre avec un handicap qui affecte votre façon de penser, de vous comporter et de vous relationner avec les autres peut être frustrant et déprimant. Ces sentiments peuvent être aggravés par le fait que peu de gens (y compris ceux de la communauté médicale) comprennent la nature et l'impact du TDAH, ce qui rend plus difficile d'obtenir de l'aide. Ces frustrations peuvent être internalisées et déclencher un sentiment d'inadéquation et une faible estime de soi.

La bonne nouvelle est que les défis émotionnels causés par le TDAH peuvent être traités. Le processus commence souvent par la recherche d'un diagnostic médical, la prise du bon médicament pour votre enfant (si nécessaire) et le recours à diverses stratégies psychothérapeutiques pour développer des compétences en régulation émotionnelle. Les sections suivantes présenteront des interventions adaptées à l'âge pour aider votre enfant à gérer ses réactions émotionnelles explosives.

Stratégies Appropriées À L'Age Pour Aider Votre Enfant À Affronter De Grandes Émotions

Aucun enfant n'est né avec des compétences d'auto-régulation, et bien souvent, ces compétences ne sont pas enseignées à la maison ou à l'école. Il incombe aux parents d'intervenir et d'apprendre à leurs enfants à faire face au stress et aux émotions troublantes.

Bien sûr, les parents d'enfants atteints de TDAH peuvent avoir besoin de renforcer ces compétences beaucoup plus que les parents d'enfants qui n'ont pas de TDAH ; cependant, ce qu'il est bon de savoir, c'est que les stratégies sont les mêmes. La meilleure façon d'enseigner les compétences d'auto-régulation est d'être intentionnel. Utilisez les comportements difficiles comme des occasions de présenter et de pratiquer la compétence d'auto-régulation la plus appropriée et fournissez un soutien émotionnel. Les médecins appellent cela "échafaudage pédagogique" le comportement souhaitable, et cela doit être fait continuellement jusqu'à ce que votre fils puisse se souvenir de pratiquer cette compétence par lui-même.

Par exemple, lorsque vous remarquez que votre enfant est en surcharge sensorielle lors d'une réunion sociale, vous pouvez l'emmener dans une pièce ou une zone calme et lui demander comment il se sent. Ils peuvent être assez grands pour décrire leurs émotions ou peuvent avoir besoin que vous les aidiez en leur offrant des suggestions (par exemple, "Es-tu effrayé ou en colère ?").

Ensuite, vous pouvez présenter des compétences d'auto-régulation appropriées pour les calmer, comme leur apprendre à prendre de profondes respirations. Tout d'abord, montrez-leur comment effectuer un exercice de respiration simple et demandez-leur de vous suivre. Ensuite, incitez-les à pratiquer l'exercice de respiration par eux-mêmes et félicitez leurs efforts. Répétez ce processus, encore et encore, jusqu'à ce que cela devienne naturel pour votre enfant de pratiquer un exercice de respiration lorsqu'il se sent dépassé.

Cela étant dit, voici des compétences d'auto-régulation adaptées à l'âge que vous pouvez enseigner et renforcer à votre enfant en croissance :

Garçons entre 3 et 8 ans

Les comportements explosifs typiques que vous pouvez attendre de votre tout-petit ou de votre enfant d'âge préscolaire sont des difficultés à partager des jouets (en arrachant des objets aux autres), des crises de colère lorsqu'ils se sentent frustrés, des réactions violentes envers les autres, et des jeux brusques. Les meilleures façons d'aider votre enfant à s'auto-réguler pendant cette étape du développement sont de déplacer doucement leur attention vers une activité moins perturbante et de leur enseigner différentes stratégies d'apaisement.

Voici cinq stratégies qui apprennent à votre enfant à faire face à des émotions déclenchantes :

1. Prenez une pause active

Si votre enfant est visiblement contrarié, le distraire en prenant une pause active. Si vous êtes à l'intérieur, encouragez-le à vous rejoindre dehors pour une partie de chat perché, à jouer avec le chien, ou à ratisser les feuilles. Si vous ne pouvez pas sortir, créez des défis excitants à l'intérieur liés aux tâches ménagères, comme "Qui peut plier le plus de linge ?" ou "Qui peut ramasser le plus de jouets et les mettre dans le bac à jouets ?" Assurez-vous que les activités impliquent beaucoup de mouvement pour aider votre enfant à se détendre.

2. Pratiquez un exercice de respiration

Lorsque votre enfant est contrarié, il peut hyperventiler, ce qui lui fait moins d'air dans le corps. L'exercice de respiration allonge délibérément la respiration pour induire un état de calme ; il encourage la respiration abdominale, plutôt que la respiration thoracique superficielle. Comme les enfants ne sont pas familiers avec les termes "inspirer" et "expirer", vous pouvez utiliser différents objets pour leur enseigner le processus.

Par exemple, achetez une bouteille de bulles et demandez à votre enfant de prendre une grande respiration puis de souffler les bulles aussi longtemps qu'ils le peuvent. Une autre astuce est de les faire s'allonger sur le lit et de placer une peluche sur leur ventre. Demandez-leur de faire bouger l'animal de haut en bas en prenant de grandes et lentes respirations. Vous pouvez également aider votre enfant en comptant pour eux pendant qu'ils respirent.

3. Pratiquez la reconnaissance et la nomination des sentiments

Une autre excellente façon d'éviter l'inondation et de distraire votre enfant de se concentrer intensément sur leur forte émotion est de les faire remarquer et de nommer ce qu'ils ressentent. Commencez par leur poser des questions sur ce qu'ils ressentent à l'intérieur de leur corps (par exemple, "As-tu mal au ventre ? Est-ce que ta tête te fait mal ? Tu as les larmes aux yeux ?") Après sa confirmation, demandez-lui comment il ressent ces sensations physiques (par exemple, "Comment te sens-tu avec ton ventre douloureux ?") Enfin, validez leurs sentiments en utilisant leurs propres mots. Vous pourriez dire, "Oui, je vois que ton ventre douloureux te fait mal. Tu n'as pas l'air très bien."

4. Faites une pause ensemble

Les retraits traditionnels sont utilisés pour éloigner un enfant de la situation et espérer qu'ils réfléchiront à leurs comportements. Cependant, pour les enfants atteints de TDAH, les retraits peuvent être isolants et déroutants car ils ne peuvent pas contrôler leurs fortes émotions ou se calmer seuls. Se retirer ensemble est une manière douce de modifier le comportement. Au lieu d'envoyer l'enfant dans un coin ou une pièce isolée pour être seul, le parent se retire avec l'enfant et le console jusqu'à ce qu'il se soit calmé. Avec le temps, ces retraits accompagnés peuvent améliorer l'intelligence émotionnelle de votre enfant et réduire les réactions explosives.

5. Trouvez des moyens de se rafraîchir

Si vous remarquez qu'une spirale d'anxiété commence, agissez rapidement et cherchez des moyens de baisser la température corporelle de votre enfant. Les températures froides (en dessous de la température corporelle normale) peuvent agir comme un "choc" pour le corps et contrecarrer le mode "lutte ou fuite". La sensation de fraîcheur est également apaisante et peut servir de distraction positive des émotions intenses. Quelques façons d'aider votre enfant à se rafraîchir sont de leur verser un verre d'eau, de placer un chiffon froid et humide sur leur front, de leur demander de sucer un glaçon, ou de les encourager à faire un plongeon rapide dans la piscine.

Garçons entre 9 et 12 ans

Les enfants d'âge scolaire et pré-adolescents sont plus conscients des comportements acceptables et inacceptables ; cependant, cela ne signifie pas qu'ils coopéreront toujours avec leurs parents. Pendant cette étape de leur développement, ils commencent à construire un sens de soi et à formuler leurs propres idées et croyances sur le monde. Certains des comportements explosifs typiques qu'ils peuvent afficher incluent des changements d'humeur fréquents, le refus de suivre les règles, la provocation délibérée et le refus d'assumer la responsabilité de leurs actes.

À ce stade, votre enfant est assez grand pour apprendre des compétences exécutives, ce qui les aidera plus tard dans la vie. La fonction exécutive fait référence aux processus mentaux qui permettent à votre enfant de planifier à l'avance, de se concentrer sur les tâches, de suivre les règles, de réfléchir et de modifier leurs comportements, et de pratiquer l'autodiscipline.

Voici cinq compétences exécutives à enseigner et à renforcer, afin que vous puissiez commencer à voir des améliorations dans les comportements de votre enfant :

1. Démarrer une tâche

Vous et votre fils pourriez être fréquemment irrités par les attentes de tâches. D'un côté, vous pourriez être fatigué de devoir leur rappeler de commencer leurs devoirs, de terminer leurs corvées ou de se souvenir des dates limites importantes. Cependant, ils pourraient être agacés par les rappels constants et le micro-management.

Enseigner à votre enfant le début des tâches consiste à les responsabiliser pour qu'ils soient proactifs dans la gestion de leur temps et de leurs tâches, afin que vous puissiez prendre du recul et leur permettre de travailler de manière indépendante. L'objectif est de leur apprendre à accomplir les tâches aussi minutieusement que possible, tout en évitant les distractions.

Une excellente stratégie à introduire est de chronométrer la rapidité avec laquelle votre enfant peut accomplir des tâches données. Notez leurs temps de début et de fin pour chaque tâche et félicitez-les pour leurs efforts. Fixez ensemble des objectifs pour savoir combien de secondes ou de minutes les tâches doivent prendre. Par exemple, vous pourriez tous deux travailler vers :

- commencer une tâche dans les 15 secondes suivant l'instruction

- prendre deux minutes pour rassembler tous les matériaux et ressources nécessaires à l'achèvement d'une tâche

- passer 30 secondes à passer d'une tâche à l'autre

Le renforcement positif est un élément essentiel de l'enseignement du commencement de la tâche. Félicitez votre enfant pour les progrès accomplis, même s'ils ne répondent pas à leurs objectifs.

2. Auto-contrôle

S'énerver ou être impatient est normal ; cependant, lorsque des émotions fortes comme celles-ci ne sont pas contrôlées, elles peuvent entraîner des réactions excessives. Au lieu d'être celui qui rappelle toujours à votre fils de se calmer ou de réfléchir avant d'agir, vous pouvez leur apprendre à contrôler leurs comportements.

Il existe différentes façons de le faire, comme enseigner à votre enfant la cause et l'effet, ce qui peut les aider à comprendre que chaque comportement a une conséquence. Vous pourriez explorer des comportements comme crier, et comment ils peuvent entraîner des conséquences négatives. Par exemple, crier sur un autre enfant à l'école entraîne des conséquences, telles que des réprimandes des enseignants ou la perte possible d'un ami.

Passez en revue quelques scénarios hypothétiques et demandez à votre enfant ce qu'ils pensent que pourraient être les conséquences. Aidez-les à apprendre à faire la différence entre les comportements indésirables qui entraînent le moins et le plus de conséquences (comme se faire expulser de l'école).

De plus, vous pouvez apprendre à votre enfant à lire le contexte. Lire le contexte consiste à ajuster ses comportements pour cadrer avec les personnes et l'environnement qui nous entourent. Par exemple, en parlant à un parent, un enseignant ou un médecin, vous pouvez leur rappeler de pratiquer les bonnes manières, comme dire "s'il vous plaît" et "merci". Ou lorsqu'ils sont dans un environnement formel, comme un bureau, une église ou une salle de médecin, vous pouvez leur rappeler de parler à voix basse. Le jeu de rôle est un excellent moyen de pratiquer comment se comporter dans différents contextes sociaux.

3. Acceptation et réflexion sur les commentaires

Il peut être très difficile pour les jeunes garçons atteints de TDAH d'accepter les commentaires, peu importe à quel point ils peuvent sembler "polis". En raison de la suppression de nombreuses de leurs peurs et frustrations, ils sont hypersensibles à tout commentaire qui pourrait ressembler à une attaque contre eux. Cependant, comme vous le savez, les commentaires et critiques sont une partie nécessaire de la croissance, peut-être le meilleur outil de changement.

La meilleure façon d'enseigner à votre enfant à accepter et à réfléchir sur les commentaires est de modéliser un comportement non défensif. Lorsque vous lui parlez, validez ses pensées et ses sentiments, même lorsque vous ne ressentez pas la même chose. Dites des phrases comme "Je te comprends" et "je valorise ton opinion." Lorsque les rôles sont inversés (lorsque vous exprimez vos pensées et sentiments), demandez-lui, "Me comprends-tu ?" et "Peux-tu valoriser mon opinion ?"

Vous pouvez également lui enseigner que les commentaires consistent à identifier un comportement incorrect et à rechercher des solutions. Ce n'est jamais une attaque directe contre une personne. Par exemple, les insultes ne sont pas des commentaires utiles car elles ne parlent d'aucun comportement. Faites-lui pratiquer les commentaires sur les repas que vous préparez ou la tenue que vous portez. Commettez délibérément des erreurs (c'est-à-dire en ajoutant trop de sel dans votre nourriture) et demandez-lui de vous critiquer. À la fin de l'exercice, félicitez-le pour avoir donné des critiques précieuses que vous pouvez utiliser par la suite.

4. Tolérance au changement

Un autre facteur qui pourrait déclencher des émotions explosives est le changement (surtout lorsque votre enfant ne s'y attend pas). Par exemple, votre enfant pourrait réagir négativement lorsqu'il y a des changements inattendus dans sa routine, ou de nouvelles règles qui sont imposées sans avertissement préalable ou discussions. Il peut aussi craindre d'être censé accomplir une tâche nouvelle et difficile, comme étudier pour une grande évaluation ou rejoindre un club social ou sportif.

Pour éviter les explosions émotionnelles ou les comportements d'évitement, ayez des conversations ouvertes et honnêtes sur les changements à venir et sur ce que votre enfant peut attendre. Il n'est jamais bon de planifier des surprises car vous ne savez pas comment votre enfant pourrait y réagir. Utilisez différents outils pour préparer votre enfant à ce qui va arriver, comme écrire une liste d'étapes ensemble, parcourir des photos du lieu ou de l'événement, lui montrer une photo du nouvel enseignant, ou regarder des vidéos d'une expérience.

Si votre enfant a des questions sur le changement à venir, soyez prêt à y répondre. Si l'expérience est nouvelle pour vous aussi, il est acceptable de dire "Je ne sais pas." La vérité est que nous ne pouvons jamais être complètement préparés au changement, et c'est une leçon de vie importante pour votre enfant à apprendre.

5. L'auto-observation

L'auto-observation est le processus de remise en question de vos comportements et de détermination si vous prenez les bonnes ou les mauvaises décisions. En raison de son impulsivité, votre enfant pourrait se précipiter à travers des tâches sans terminer soigneusement toutes les étapes, ou il pourrait faire un commentaire sans reconnaître l'impact qu'il a sur le destinataire.

Le meilleur moment pour enseigner cette compétence est immédiatement après que votre enfant s'est mal comporté. Attirez son attention et demandez, "Peux-tu me dire ce qui ne va pas dans ce que tu viens de faire ?" S'il est incapable de reconnaître sa faute, expliquez-la-lui en utilisant uniquement des faits. Vous pourriez dire, "Je viens de te voir rentrer dans la maison avec des chaussures pleines de boue. Souviens-toi, les chaussures pleines de boue doivent être enlevées à l'extérieur." Ensuite, aidez-le à se comporter de la bonne manière en lui expliquant le comportement souhaitable, et offrez un renforcement positive.

Garçons entre 13 et 17 ans

Les garçons adolescents sont conscients de ce qui est attendu d'eux. Lorsqu'ils réagissent de manière explosive, c'est généralement parce qu'ils se sentent impuissants, invalidés ou manquant de respect. Par exemple, ils peuvent avoir du mal à accepter l'échec ou le rejet, ou se sentir incompris par leurs amis et leur famille. Certains comportements défiant typiques qu'ils peuvent exhiber incluent le mensonge, les jurons, l'engagement dans des luttes de pouvoir, la remise en question de l'autorité, l'automutilation et la transgression des règles à la maison et à l'école.

La meilleure façon d'enseigner à votre fils l'autorégulation à cet âge est de modéliser des comportements positifs. Ce dont il a besoin plus que d'être simplement informé de ce qui est bien ou mal, c'est de voir des comportements sains devant lui. En plus d'être un bon modèle, il est également important d'être conscient de la manière dont vous communiquez avec votre enfant, surtout lorsque vous le disciplinez. Imaginez que vous parlez à un autre adulte qui exige du respect et de la considération.

Voici cinq stratégies pour aider votre fils adolescent à s'autoréguler :

1. Enseigner la gratification différée

La gratification différée consiste à poser des actions aujourd'hui qui apporteront des résultats positifs demain. La récompense n'est pas instantanée, ce qui signifie que la tâche ou la situation peut sembler "pénible" sur le moment. Les scénarios classiques où votre enfant peut avoir besoin de pratiquer la gratification différée incluent l'étude pour les contrôles, l'exécution des tâches ménagères ou l'épargne. Aucune de ces tâches n'est particulièrement amusante, mais toutes peuvent préparer votre enfant à l'âge adulte. Lorsque vous enseignez la gratification différée, commencez par montrer à votre enfant comment différencier les tâches urgentes, les tâches importantes et les tâches non urgentes/importantes. Les tâches urgentes sont celles qui doivent être traitées rapidement, comme nourrir les animaux. L'écart entre la réception des instructions et l'action est une affaire de secondes. Les tâches importantes sont celles qui doivent être traitées avant la fin de la journée. La routine de votre enfant indiquera quelle tâche importante commencer en premier. Les tâches non urgentes/importantes ne doivent pas être prises en considération tant que toutes les tâches importantes n'ont pas été accomplies. Dans la plupart des cas, ces tâches sont reportées au lendemain ou au week-end, lorsque votre enfant a plus de temps libre. Voici un exemple de la façon dont vous et votre enfant pourriez trier les tâches :

Tâches urgentes :

- Faire le sac d'école avant le coucher

- Faire le lit lorsque vous vous levez le matin

- Arriver à l'arrêt de bus à une certaine heure

Tâches importantes :

- Terminer les devoirs du jour

- Étudier pour un contrôle à venir

- Aider pour le dîner

Tâches non urgentes/importantes :

- Rendre visite à un ami

- Regarder une série télévisée en différé

- Préparer des cookies

Les tâches non urgentes/importantes sont celles qui testent la gratification différée. Oui, la tâche peut ne pas être importante, mais elle peut être amusante, relaxante, créative et excitante pour votre enfant. Encouragez votre enfant à être patient pendant la semaine (ou pendant qu'il accomplit des tâches importantes) et à traiter la tâche non urgente/importante comme une récompense pour son travail acharné.

2. Enseigner la valeur de l'argent

Lorsque votre enfant devient adolescent, il commence à avoir des besoins financiers. Il peut vous demander de l'argent pour acheter un gadget, sortir avec des amis ou faire des achats en ligne. Au lieu de rejeter leurs demandes, vous pouvez saisir l'occasion pour leur enseigner la valeur de l'argent.

Par exemple, fixez un budget hebdomadaire ou mensuelle et montrez-lui comment budgétiser pour les achats. L'utilisation de la liste des tâches urgentes, importantes et non urgentes/importantes peut être utile pour décider de ce qu'il faut dépenser maintenant ou économiser. Lorsque son budget est épuisé, encouragez-le à gagner des fonds supplémentaires en effectuant certaines tâches et en répondant à certaines demandes. Pour chaque tâche ou demande terminée, ils gagnent 10 euros.

Si votre enfant demande un article coûteux qui dépasse son budget, montrez-lui comment économiser pour cela. Achetez à votre enfant une tirelire et laissez-le décider de la somme qu'il va économiser chaque semaine ou chaque mois. Encouragez-le à déposer des fonds dans sa tirelire avant de commencer à dépenser (un excellent moyen de renforcer la gratification différée). Vous pouvez même motiver votre enfant en l'aidant à fixer des objectifs d'épargne et en utilisant des outils visuels comme des graphiques ou des calendriers pour suivre ses progrès.

3. Laissez-les affronter leurs propres batailles

La phase suivante après l'adolescence est l'âge adulte. Une grande partie de votre attention en tant que parent sera de préparer votre enfant aux responsabilités d'adulte. Une excellente façon de commencer est de guider depuis l'arrière-plan. Comme un berger prenant soin d'un troupeau de moutons, soyez disponible pour guider et soutenir, mais ne résolvez pas activement les problèmes de votre enfant. Chaque fois qu'il se comporte de manière inappropriée, laissez les conséquences naturelles se produire. Par exemple, s'il parle de manière irrespectueuse à un enseignant, laissez l'école appliquer ses procédures disciplinaires.

Prenez l'habitude d'écouter plutôt que de résoudre les problèmes de votre enfant. Validez ses sentiments et montrez de l'empathie pour ce qu'il traverse, mais laissez-lui toujours la prise de décision. Demandez-lui : "Quelles sont tes options ?" ou "Que comptes tu faire à ce sujet ?" Quelle que soit la solution qu'il trouve, soutenez-la. Ce n'est peut-être pas une solution réaliste, mais c'est à lui de le découvrir.

Votre rôle en tant que parent est de créer un environnement où la résolution créative des problèmes peut avoir lieu, et la première idée n'est pas toujours la meilleure. Si votre enfant répond par une phrase comme "Je ne sais pas", rassurez-le en lui disant qu'au bon moment, il saura instinctivement quoi faire. Ici, vous apprenez à votre fils à faire confiance à son propre instinct.

4. Enseigner les compétences de négociation

Un des avantages de responsabiliser votre adolescent est que vous renforcez sa confiance et augmentez sa conscience de soi. Un adolescent responsabilisé est capable de remettre en question ses comportements, de considérer les besoins des autres (ou les règles sociales et les attentes qu'il doit suivre) et d'établir des limites saines pour protéger ses propres besoins. Les compétences de négociation apprennent à votre enfant comment créer des situations gagnant-gagnant et trouver un bon équilibre entre ses besoins et ceux d'une autre personne.

Certains parents évitent d'enseigner cette compétence parce qu'ils pensent qu'elle encouragera des comportements défiant, comme argumenter et refuser de suivre les règles. Cependant, ce n'est pas le cas. Les compétences de négociation ne minimisent pas l'importance des règles, et elles n'autorisent pas le débat sur les règles. Les règles établies à la maison et dans d'autres espaces publics ne peuvent pas être remises en question. Cependant, cela ne signifie pas que votre enfant ne peut pas exprimer les préoccupations ou les défis qu'il rencontre et vous demander d'adapter ses besoins.

Par exemple, si votre enfant n'aime pas faire la vaisselle et fait une crise à chaque fois qu'il est obligé de faire cette tâche, vous pouvez vous asseoir avec lui et entamer une négociation. Commencez par énoncer l'attente (par exemple, faire la vaisselle tous les soirs), puis demandez-lui d'exprimer les préoccupations ou les défis auxquels il est confronté et qui rendent cette tâche difficile. Peut-être qu'il n'aime pas la sensation de mettre ses mains dans l'eau sale ou de devoir faire la vaisselle le soir quand il préférerait se reposer.

Selon ses préoccupations ou ses défis, la question suivante que vous poseriez serait : "Comment propose-tu que nous résolvions ce problème ?" Être dispensé de la tâche n'est pas une option car les règles sont non négociables. Cependant, vous pouvez écouter ses solutions créatives pour rendre la tâche moins désagréable. Par exemple, il pourrait vous demander d'acheter des gants de cuisine pour éviter le contact direct avec l'eau, ou il pourrait demander à faire la vaisselle le matin plutôt que tard dans la soirée.

Certaines de ses suggestions peuvent ne pas vous convenir. Par exemple, vous n'aimerez peut-être pas l'idée qu'il fasse la vaisselle le matin. Vous pouvez être en désaccord ; cependant, seulement si vous avez une solution alternative. Évitez de rejeter les idées de votre fils sans avoir de meilleure solution à proposer. Si vous êtes en désaccord avec l'idée de faire la vaisselle le matin, par exemple, vous pouvez suggérer de déplacer le dîner d'une heure plus tôt pour que votre enfant ne reste pas debout trop tard. Continuez à échanger des idées et à proposer des alternatives jusqu'à ce que vous puissiez convenir d'un plan de travail qui vous satisfait tous les deux.

5. Encourager la communication sur les besoins

Si votre fils se comporte mal, c'est un signe de tension émotionnelle accumulée. La seule façon qu'il connaisse pour exprimer ses sentiments ou attirer votre attention est de se comporter mal. Au lieu de vous concentrer trop sur ses comportements indésirables, créez un espace pour qu'il verbalise ce qu'il ressent. En validant et en répondant à ses sentiments, vous pouvez restaurer l'harmonie dans son esprit et leur son corps.

La plupart des adolescents ne partageront pas ouvertement leurs sentiments tant qu'ils ne se sentiront pas en sécurité et respectés. Votre rôle n'est pas de forcer votre enfant à communiquer ses besoins, mais plutôt de rendre votre relation avec lui plus sûre. Cela signifie pratiquer l'écoute sans projeter vos propres émotions ou essayer de résoudre la situation. Donnez-lui la chance d'organiser ses pensées et de s'exprimer avec ses propres mots et idées.

Un autre conseil utile est de poser des questions plutôt que de donner des conseils. Par exemple, au lieu de dire : "Tu dois te concentrer plus à l'école", vous pouvez demander : "Que penses-tu qui pourrait t'aider à te concentrer à l'école ?" L'objectif est de créer un espace pour qu'il partage ses expériences et trie ses pensées, sans imposer vos propres opinions.

Enfin, faites savoir à votre enfant que vous n'avez pas besoin qu'il soit un "bon garçon" et qu'il contrôle tout. Personne n'est parfait et il ne devrait pas ressentir la pression de présenter une image parfaite. Dites-lui que vous êtes disponible pour écouter chaque fois qu'il passe une mauvaise journée et que vous ne le jugerez pas s'il n'est pas au meilleur de sa forme.

Enseignements du chapitres

- Les garçons atteints de TDAH ont du mal à traiter les émotions, ce qui peut parfois entraîner un déferlement d'émotions intenses et des explosions.

- Lorsque votre fils a entre 3 et 8 ans, il est encore en train de se battre avec l'idée d'avoir des sentiments et les meilleures façons de les gérer. Apprenez-lui à décrire ce qu'il ressent, à détourner l'attention de l'émotion intense et à pratiquer des techniques d'autoapaisement.

- Lorsqu'il grandit et atteint l'adolescence précoce, il est plus conscient de ses émotions, mais manquent de compétences exécutives pour réfléchir à ses actions, corriger son comportement et pratiquer l'autorégulation. Votre rôle sera de lui enseigner ces compétences vitales, qui lui seront utiles plus tard.

- L'adolescence est une période où votre fils se prépare à la vie d'adulte. Ce que vous lui enseignez sur l'autorégulation à ce stade influencera la manière dont il affronte et surmonte les défis à l'âge adulte. Comme les garçons adolescents sont plus indépendants, ils peuvent ne pas être influencés par vos mots ; cependant, les comportements que vous leur montrez ont un impact significatif.

- Au lieu de "lui enseigner" comment s'autoréguler, vous pouvez lui offrir des commentaires sur ce qu'il fait bien ou mal, et lui permettre de modifier ses comportements de manière créative et de résoudre ses problèmes. Montrez-lui que vous avez toute confiance en sa capacité à faire les bons choix et à être un jeune homme responsable.

Chapitre 4 :

Stratégies D'auto-Apaisement Pour Aider Votre Enfant À Gérer Le Stress Et Pratiquer L'autocontrôle

"Au milieu du mouvement et du chaos, gardez le calme à l'intérieur de vous.". –Deepak Chopra

Qu'est-ce que l'auto-apaisement ?

L'auto-apaisement est un terme relativement nouveau utilisé pour désigner les exercices de gestion du stress qu'un individu pratique pour se sentir mieux. Ce qui aide un enfant à se sentir calme ne fonctionnera pas nécessairement pour un autre enfant. C'est pourquoi les enfants sont encouragés à trouver des stratégies d'adaptation qui leur conviennent le mieux.

Bien que le terme soit assez récent, la pratique de l'auto-apaisement ne l'est pas. Dès le moment où votre enfant est un fœtus dans le ventre, il apprend différentes façons de s'auto-apaiser lorsqu'il se sent mal à l'aise. Par exemple, des scans ont montré qu'un fœtus adopte la position main-vers-le-visage, où il porte ses mains à son visage et autour de sa bouche, lorsqu'il cherche à se sentir calme. Certains fœtus ont également été vus sucer leur pouce ; cependant, ce réflexe se développe mieux après la naissance (Little Steps, 2020).

D'autres pratiques courantes d'auto-apaisement observées chez les tout-petits et les enfants d'âge préscolaire sont le tapotement des pieds, le balancement, le fredonnement et se ronger les ongles. Malheureusement, ces habitudes sont souvent perçues comme des signes de mauvaises manières et découragées. Sans autres stratégies alternatives, les enfants se retrouvent sans moyen réel de se calmer.

Les garçons atteints de TDAH, qui sont sujets au stress et à l'anxiété, peuvent bénéficier de l'auto-apaisement. Recourir à des comportements d'adaptation positifs peut les aider à gérer de fortes impulsions et augmenter leur tolérance au stress et à la frustration. Les pratiques d'auto-apaisement peuvent également apprendre à votre enfant à gérer ses émotions sans les refouler. En période de détresse, par exemple, ils sont capables de rester ouverts et de gérer ce qu'ils ressentent, en utilisant des stratégies d'adaptation positives.

Votre enfant a l'opportunité d'apprendre à surmonter avec succès des situations difficiles sans perdre le contrôle, et à long terme, cela peut renforcer sa confiance en lui. Les trois stratégies d'auto-apaisement suivantes enseignent à votre enfant des moyens positifs de gérer le stress.

Veillez à ce que votre enfant n'utilise pas ces stratégies de manière excessive, au point d'éviter de faire face à des situations désagréables. Par exemple, si vous remarquez qu'il prend l'habitude de passer des heures seul, même lorsqu'il n'est pas en détresse, il risque finalement de s'isoler des autres. Les stratégies d'auto-apaisement sont censées être des outils temporaires permettant à un enfant de prendre le temps de respirer et de se calmer avant d'aborder des situations difficiles et des émotions négatives.

Créer un endroit Sûr

Un endroit sûr est une zone isolée dans votre maison où votre enfant peut se retirer chaque fois qu'il se sent submergé. Il est présenté à votre enfant comme une alternative aux réactions violentes, aux coups ou aux jets d'objets, ou à l'exposition à une stimulation excessive. Chaque fois que vous remarquez un changement dans son comportement, vous pouvez lui suggérer de se calmer dans son lieu sûr. Bien sûr, pour que cet endroit soit un lieu où votre enfant ait envie de se retirer, il doit être à la hauteur de son nom et offrir à la fois une sécurité physique et émotionnelle.

La création d'un lieu sûr est une collaboration conjointe. En tant que parent, vous pouvez choisir quelle pièce ou quelle zone de la maison votre enfant peut utiliser. Assurez-vous que c'est une pièce ou une zone où il n'y a pas beaucoup de passage, afin que personne ne dérange votre enfant lorsqu'il prend du temps pour lui. En ce qui concerne la décoration de son espace, laissez-lui la majorité des décisions. Idéalement, vous voulez que l'espace représente sa personnalité, ses intérêts et son idée de la "sécurité". Bien sûr, vous pouvez proposer quelques éléments pour rendre l'endroit confortable, comme des coussins et des couvertures. Vous pouvez également suggérer d'ajouter des jouets doux, un carnet et un stylo, un lecteur de musique et des photos positives comme une image de son animal de compagnie préféré ou une affiche avec des affirmations.

Introduisez lentement votre enfant au concept. La dernière chose que vous voulez est qu'il pense que vous l'envoyez loin pour une punition. Discutez de ce qu'est un lieu sûr, de ce qu'il est destiné à faire et des scénarios où il serait utile. Enthousiasmez votre enfant à l'idée de décorer son lieu sûr selon ses propres intérêts. Vous pouvez même commencer un compte à rebours une semaine avant le "lancement" du lieu sûr (plus vous créez d'excitation autour de ce concept, moins votre enfant sera réticent).

Enseigner la pensée positive

La façon dont votre enfant se parle peut affecter comment il se sent à propos de lui-même et de la situation stressante qui se déroule. S'il répète des croyances limitantes comme "Je ne peux pas faire ça" ou "Je suis un échec", il est moins susceptible de rester résilient lors de périodes difficiles. L'auto-dialogue positif ne consiste pas à dire ce que vous souhaitez, mais plutôt à faire des déclarations positives mais factuelles sur vous-même. En période de difficulté, vous pourriez vous rappeler vos forces personnelles plutôt que vos faiblesses.

Enseigner à votre enfant l'auto-dialogue positif commence par évaluer son jugement sur lui-même et sur le monde. Vous voulez découvrir, par le biais de conversations informelles, ce que votre fils pense de certaines personnes, de certains sujets et de certaines expériences. Par exemple, pendant le trajet vers l'école, vous pouvez lui demander comment il se sent à propos de son école, de ses enseignants, de ses camarades de classe ou de ses résultats scolaires.

Avec ces questions, vous cherchez à voir si ses évaluations sont réalistes (un équilibre entre le bon et le mauvais), exagérées (extrêmement bonnes ou mauvaises) ou minimisées (montrant de l'indifférence ou du détachement). Voici un exemple de ce à quoi chaque perspective pourrait ressembler :

- *Réaliste : "J'aime l'école parce que je vois mes amis, mais je n'aime pas les maths."*

- *Exagéré : "Je déteste l'école. J'ai hâte de pouvoir partir !"*

- *Minimisé : "Humm... Je ne sais pas. Je suppose que c'est bien."*

Les perspectives exagérées sont malsaines car la vie n'est pas noire ou blanche. De plus, si votre enfant prend l'habitude de penser négativement tout le temps, il risque de s'empêcher de poursuivre ses objectifs et de devenir une meilleure version de lui-même. Les perspectives minimisées ne sont pas saines non plus. Dans la plupart des cas, elles dissimulent les vrais sentiments de votre enfant, ce qui rend plus difficile pour lui de traiter les véritables préoccupations.

Une fois que vous avez évalué les jugements de votre enfant sur lui-même et sur le monde, vous pouvez introduire l'idée de l'auto-dialogue positif. Il en a peut-être déjà entendu parler, mais peut-être que cela ne lui a pas été présenté comme une stratégie d'auto-apaisement. Vous pouvez choisir comment vous souhaitez décrire l'auto-dialogue positif en fonction de l'âge de votre enfant. Pour un jeune garçon, vous pourriez lui expliquer qu'il s'agit de se parler à voix haute, et pour un adolescent, de se donner un encouragement. Encouragez-le à poser des questions sur quand et comment pratiquer l'auto-dialogue. Si possible, ayez quelques réponses préparées, comme:

Question : À quelle fréquence pratique-tu l'auto-dialogue positif ?

Réponse : Chaque fois que tu te sens déprimé ou que tu remarques que ton humeur change.

Question : Quelles sont les étapes pour pratiquer l'auto-dialogue positif ?

Réponse : Il existe différentes façons de le faire, comme parler devant un miroir, réciter des affirmations positives ou se parler comme tu le ferais à ton animal de compagnie. Choisissez les méthodes qui vous semblent les plus naturelles.

Question : Pourquoi est-il important de pratiquer l'auto-dialogue positif ?

Réponse : L'auto-dialogue positif te rappelle tes forces, tes réalisations et tes progrès, pour que tu puisses te sentir bien dans ta peau.

Vous pouvez ensuite enseigner à votre enfant une technique d'auto-dialogue positif importante : reformuler les pensées négatives et créer des phrases positives. Les pensées négatives rappellent à votre enfant ce qu'il ne peut pas faire, au lieu de ce qu'il peut faire. Ou ils amènent votre enfant à se sentir mal à propos de forces ou de qualités qu'il n'a pas, au lieu de celles qu'il a. Voici quelques mots clés qui peuvent aider votre enfant à identifier les pensées négatives :

Mots clés	Pensées Négatives
Je ne peux pas	Je ne peux pas me concentrer
Je n'ai pas	Je n'ai pas autant d'amis que mes camarades de classe
Je ne vais pas	Je ne vais pas réussir dans la vie
Je ne devrais pas	Je ne devrais pas être hyperactif
Toujours	Je suis toujours mis de côté
Jamais	Je ne sors jamais avec mes amis

Une fois les pensées négatives identifiées, il est plus facile de les reformuler et de créer des phrases positives. Il suffit de prendre les mots-clés ci-dessus et de les exprimer de manière positive (par exemple, changer "je ne peux pas" en "je peux"), ou vous pouvez encourager votre enfant à imaginer qu'il répond à son meilleur ami et lui offre des encouragements positifs. Voici quelques exemples :

Pensées Négatives	Pensées Positives
Je ne peux pas me concentrer	Je me sens fatigué et j'ai besoin d'une petite pause pour étirer mes jambes.

Pensées Négatives	Pensées Positives
Je n'ai pas autant d'amis que mes camarades de classe	J'ai quelques amis qui m'aiment et m'acceptent tel que je suis.
Je ne vais pas réussir dans la vie	Mon parcours peut être différent de celui des autres, mais il sera génial !
Je ne devrais pas être hyperactif	Je dois trouver une activité positive pour libérer cette énergie abondante
Je suis toujours mis de côté	Je suis invité à des événements que d'autres pensent que je pourrais apprécier.
Je ne sors jamais avec mes amis	Je sors avec mes amis dès que je peux.

Pratiquer la Pleine Conscience

La pleine conscience est un concept oriental qui remonte à des millénaires. Elle fait référence à l'état d'être présent et de prêter attention à ce qui se passe ici et maintenant. Cultiver la présence a le pouvoir de réduire le stress et l'anxiété en mettant fin au cycle de la rumination sur "ce qui s'est passé" ou "ce qui va arriver".

En raison de sa nature hyperactive et impulsive, votre enfant peut avoir du mal à rester immobile et à prêter attention à ce qui se passe ici et maintenant. Lorsque vous lui enseignez comment pratiquer la pleine conscience, vous pouvez utiliser des jeux amusants et engageants, sinon il pourrait trouver l'expérience assez ennuyeuse. Certaines améliorations que vous remarquerez après avoir régulièrement pratiqué la pleine conscience incluent une concentration soutenue, une régulation émotionnelle améliorée et des humeurs plus équilibrées.

Voici quatre exercices de pleine conscience amusants à essayer avec votre enfant :

1. Postures conscientes

Pour aider votre enfant à cultiver sa présence, vous pouvez l'aider à être plus en harmonie avec son corps à travers différents étirements. Prenez vos tapis de yoga ou des serviettes de plage avec vous à l'extérieur et étalez-les sur l'herbe. Guidez votre enfant à travers différents étirements comme tendre les bras vers le ciel ou se pencher et toucher ses orteils. Maintenez chaque étirement pendant cinq secondes, puis revenez lentement à la position normale. Profitez de cette occasion pour pratiquer des exercices de respiration profonde entre les postures.

2. Activation des sens

Faites une promenade relaxante avec votre enfant et défiez-le à accorder son attention à différents sens, un à la fois. Par exemple, vous pouvez commencer en lui demandant de chercher cinq choses qu'il peut voir avec ses yeux, puis en lui demandant de mentionner quatre choses qu'il peut entendre avec ses oreilles. Encouragez-le à prendre son temps pour identifier les objets. L'objectif est de ralentir les choses en lui permettant de se concentrer sur des informations spécifiques. Si vous constatez qu'il se dépêche de donner des réponses, marchez, parlez et répondez plus lentement.

3. Bocal de gratitude

Pratiquer la gratitude est un autre moyen de cultiver la présence. Cela peut mettre votre vie en perspective et vous apprendre à apprécier ce que vous avez. Renforcez l'importance de la gratitude en aidant votre enfant à créer un bocal de gratitude. Sortez un vieux bocal en verre et divers fournitures d'artisanat. Passez l'après-midi à aider votre enfant à décorer son bocal de gratitude en utilisant différents matériaux. Enfin, sortez de petits bouts de papier autocollant et des stylos / marqueurs, et demandez-lui d'écrire ce pour quoi il est reconnaissant, puis de plier chaque papier et de le placer à l'intérieur du bocal. Encouragez votre enfant à sortir son bocal chaque fois qu'il se sent dépassé et a besoin d'un petit coup de pouce.

4. Battements de cœur rapides

Réguler votre battement de cœur peut vous aider à vous calmer après un événement stressant. Ralentir votre respiration peut vous aider à y parvenir, tout comme écouter attentivement chaque battement et suivre le rythme de votre battement de cœur. Heureusement, cet exercice est très basique et simple à enseigner aux enfants.

Commencez par faire courir votre enfant autour du jardin une fois ou à faire 10 sauts en l'air. L'objectif est d'augmenter leur rythme cardiaque afin qu'il puisse le surveiller alors qu'il ralentit à nouveau. Lorsqu'il a terminé le court exercice cardio, trouvez un endroit pour vous asseoir ensemble et demandez-lui de fermer les yeux et de placer une main sur son cœur (région thoracique). Posez-lui des questions sur son battement de cœur, comme s'il est lent ou rapide, calme ou intense, et quel son il fait. Après quelques minutes, demandez-lui si son battement de cœur a changé, et comment ? Est-ce plus lent ou plus rapide, plus calme ou plus intense ?

Terminez l'exercice en expliquant qu'une personne en colère voit naturellement ses battements de cœur s'accélérer et ressent un rythme intense, ou entend un bruit fort. Cependant, plus il se sent détendu, plus son battement de cœur devient lent et doux. Par conséquent, un truc pour se sentir mieux quand il est contrarié est de trouver un endroit calme et d'écouter ses battements de cœur jusqu'à ce qu'ils deviennent plus lents et plus calmes.

Enseignements du chapitre

• • Enseigner à votre enfant des stratégies de gestion du stress et d'apaisement peut améliorer sa façon de faire face aux déclencheurs. Chaque fois qu'il est dépassé, par exemple, il a le choix sur comment se comporter : soit il crie et jette ses jouets, soit il se retire dans son endroit sûr.

• • Aucun enfant ne réagit de la même manière aux stratégies d'apaisement ; par conséquent, expérimentez-en quelques-unes et aidez votre enfant à trouver la plus adaptée en fonction de ses besoins et de ses préférences.

• • Avant de suggérer une stratégie d'apaisement, discutez d'abord avec votre enfant. Partagez plus d'informations sur l'exercice particulier et sur la manière dont il pourrait les aider à se calmer lorsqu'il se sent contrarié. Vous devrez peut-être même lui montrer comment l'exercice est pratiqué, afin qu'il se sente à l'aise de le faire seul.

• • Les stratégies d'apaisement sont censées être positives et sans stress, donc ne forcez jamais votre enfant à y recourir quand il n'est pas d'humeur. Il suffit de présenter l'option et de lui permettre de choisir s'il veut ou pas la suivre.

Dans le chapitre final vous trouverez des exercices pour aider votre enfant à améliorer son auto-contrôle.

Chapitre 5

Gérer L'hyperactivité Avec Des Routines Prévisibles Et Des Habitudes Saines

"Sème une pensée, et tu récoltes un acte ; sème un acte, et tu récoltes une habitude ; sème une habitude, et tu récoltes un caractère ; sème un caractère, et tu récoltes un destin."
–Samuel Smiles

Une Vie Prévisible Est Une Vie Paisible

Ce qui est commun chez les enfants atteints de TDAH (aussi bien les garçons que les filles) est le besoin de prévisibilité. Ils ont besoin d'une routine hebdomadaire cohérente avec très peu (voire pas du tout) de changements. Par exemple, s'ils ont l'habitude de jouer pendant 30 minutes après l'école, ils s'attendent à le faire chaque jour. Si vous remplacez cette activité par autre chose, comme aller au magasin du coin ou leur demander de faire leurs devoirs, ils s'y opposeront fermement.

La prévisibilité pour un enfant sensible et hyperactif représente de la sécurité. C'est une façon d'équilibrer leurs énormes quantités d'énergie et de les aider à rester les pieds sur terre. Lorsque votre fils a du mal à réguler ses émotions et ses comportements, se trouver dans un environnement prévisible peut l'aider à réduire son stress et alléger son esprit.

Une façon de créer un environnement prévisible est de mettre en place une routine. Suivre la même séquence de tâches, de manière régulière, peut aider votre enfant à rester organisé et à améliorer sa gestion du temps. Une routine est également un outil efficace pour enseigner à votre enfant l'autocontrôle. Chaque fois qu'il se sent dépassé, il peut recentrer son attention sur les tâches qu'il peut contrôler.

Vous remarquerez peut-être aussi moins de luttes de pouvoir lorsque votre enfant a une routine prévisible. Dans son esprit, il y a certaines tâches qui doivent être accomplies chaque jour, comme se brosser les dents, faire ses devoirs et accomplir sa corvée ménagère. De plus, voir le reste de la famille suivre ses propres routines assignées (par exemple, maman prépare le petit-déjeuner et papa dépose les enfants à l'école) peut être une incitation suffisante pour le maintenir fidèle à sa propre routine.

Plus votre enfant grandit, plus les routines deviennent importantes. Les garçons adolescents, par exemple, tirent des bénéfices d'une routine car elle peut les aider à gérer plusieurs responsabilités et à développer des habitudes saines. Avec la bonne routine, votre fils adolescent peut créer et gérer un mode de vie sain, avec très peu d'aide de votre part.

Installer Des Routines

Créer une routine quotidienne semble assez simple. Tout ce dont vous avez besoin est un calendrier et vous êtes prêt à commencer. Mais le problème auquel sont confrontés de nombreux parents est de créer la bonne routine pour leurs enfants - une routine qu'ils apprécient réellement et dans laquelle ils se sentent à l'aise pour pratiquer de manière cohérente.

Vos enfant son uniques et ont des besoins et des préférences très spécifiques que de nombreuses routines "basiques" ne prendront pas en compte. Au lieu d'imposer une structure rigide dans leur vie, considérez les goûts et les dégoûts de vos enfants, à quel moment de la journée ils ont de l'énergie, ce qu'ils préfèrent faire après l'école et les meilleurs moments pour effectuer des tâches qui nécessitent de la concentration. Je peux vous assurer qu'après avoir pris ces conseils en compte, la routine que vous établirez ne sera pas basique.

Voici trois étapes qui peuvent vous aider à établir une routine personnalisée pour votre enfant :

Décidez Pourquoi Créer une Routine en Premier Lieu

Avant de commencer à ajouter des tâches à la routine de votre enfant, prenez un moment pour réfléchir à ce que vous espérez accomplir. Pourquoi est-il important que votre enfant suive une routine, ou change sa routine actuelle ? Quelles sont vos intentions ? Que souhaitez-vous faire différemment cette fois-ci

? Il vaut également la peine de réfléchir à la manière dont vous souhaitez que votre enfant se sente lorsqu'il suit sa routine. Cherchez-vous à apporter plus de paix et de stabilité à sa journée ? Ou à renforcer sa confiance et à le pousser à prendre des risques ?

Notez votre objectif pour créer une routine ci-dessous :

_____

_____

_____

_____

Décidez du Type de Routine

La prochaine étape consiste à décider du type de routine que vous allez établir. Vous avez ici plusieurs options. Par exemple, vous pouvez décider de définir une routine quotidienne qui couvre les routines du matin, de l'après-midi et du soir, ou vous pouvez vous concentrer sur une routine qui guide votre enfant à travers un moment spécifique de la journée.

Si vous introduisez pour la première fois le concept de routine, commencez par une routine qui se concentre sur un moment spécifique de la journée (par exemple, une routine matinale). Une fois que votre enfant aura appris cette routine, vous pourrez introduire une routine du coucher, jusqu'à ce qu'il ait finalement établi une routine quotidienne.

Dessiner votre Routine

Maintenant que vous avez choisi le type de routine idéal, il est temps de réfléchir aux différentes tâches, habitudes ou rituels que vous aimeriez inclure. Gardez à l'esprit que ces tâches, habitudes ou rituels seront réalisés de manière continue, alors assurez-vous qu'ils sont simples et pratiques. Il vaut également la peine de considérer ce qui fonctionne ou ne fonctionne pas actuellement pour votre enfant. Par exemple, quelles sont les activités qu'il aime ou dont il a tendance à se plaindre ?

Rappelez-vous que même si vous élaborez cette routine, c'est lui qui va la mettre en œuvre. Si votre enfant est suffisamment âgé, invitez-le à vous aider à réfléchir aux pratiques à inclure. Obtenir son adhésion dès le départ réduira la résistance lors de la mise en œuvre finale de la routine.

Après avoir établi la routine, trouvez différentes façons de la représenter visuellement. Pour les jeunes enfants, vous pouvez par exemple imprimer une affiche avec des images montrant différentes activités ou créer une vidéo pour montrer comment chaque activité est réalisée. Les enfants plus âgés peuvent être à l'aise avec un planning codé par couleur ou une liste de tâches à cocher chaque jour. Placez le planning dans plusieurs endroits de la maison afin que votre enfant se souvienne de ses attentes quotidiennes.

Attendez-vous à quelques oublis au cours des premières semaines après la mise en œuvre de la routine. Votre enfant est encore en train de s'habituer à la nouvelle structure et il ne respectera pas toujours le timing. Les enfants plus âgés peuvent même résister à certaines tâches. Assurez-vous de leur faire comprendre que toutes les tâches sont obligatoires ; cependant, ils sont libres de réorganiser les tâches ou d'ajuster les délais pour mieux répondre à leurs besoins.

Les routines quotidiennes peuvent être ajustées plusieurs fois, mais cela nécessite un effort de collaboration et une négociation efficace de votre part à tous les deux. Le refus d'accomplir une tâche quotidienne entraînera des conséquences.

Gérer La Peur Du Changement De Votre Enfant

La peur du changement rend difficile pour les enfants atteints de TDAH d'essayer de nouvelles routines. Ils peuvent comprendre pourquoi la routine est bénéfique, mais ils ne peuvent s'empêcher de se sentir mal face aux changements que leur sens du "normal" subira.

Accepter le changement demande beaucoup d'énergie mentale et physique. Votre enfant a la tâche énorme d'apprendre et de mémoriser de nouvelles pratiques et de les mettre en œuvre quotidiennement. S'ils avaient moins d'attentes à remplir auparavant, la nouvelle routine peut être écrasante pour eux.

Par exemple, un enfant peut refuser de suivre des cours de sciences supplémentaires après l'école parce que cela ne lui était pas demandé auparavant. De plus, devoir consacrer plus de temps et d'énergie à une matière qu'il n'apprécie pas (ou dans laquelle il n'est pas doué) n'est pas très incitant. Par conséquent, même s'ils comprennent l'avantage de prendre des cours de sciences supplémentaires, ils se battront à chaque fois qu'ils seront forcés d'y assister.

Cela peut causer beaucoup de confusion et de frustration pour vous en tant que parent. Quand vous désirez soutenir votre enfant de toutes les manières possibles, les changements positifs que vous essayez d'apporter sont toujours accueillis avec résistance. La solution ici n'est pas d'abandonner la nouvelle routine, mais plutôt d'aider votre enfant à développer ses muscles de résilience. Montrez-lui à travers votre persévérance et votre enthousiasme que le changement est la meilleure chose qui puisse lui arriver dans la vie car il conduit à la croissance et à une plus grande confiance.

Voici quelques conseils à mettre en pratique chaque fois que vous vous préparez à un changement ou que vous aidez votre enfant à s'habituer à de nouvelles routines :

1. Prévenez votre enfant

Les enfants atteints de TDAH n'aiment pas trop les surprises en raison de leur besoin de prévisibilité. Tout changement de routine pour votre enfant peut sembler être une embuscade. Prenez le temps de discuter des changements à venir et de leur impact potentiel sur votre enfant. Essayez de décrire la vie après la mise en œuvre des changements et assurez-leur que la mise en œuvre de ces changements est pour leur propre bien.

2. Soyez attentif à leurs préoccupations

Il est normal que votre enfant ait des doutes sur les changements à venir. Comme tout le monde, votre enfant n'aime pas l'idée de sortir de sa zone de confort et d'embrasser l'inconnu. S'il exprime des préoccupations, prenez le temps de les écouter et de valider ce qu'il dit. Ne cherchez pas à le dissuader de ses préoccupations ou à les minimiser. Convenez qu'il sera difficile d'accepter les nouveaux changements et qu'il mettra peut-être un certain temps à s'adapter.

3. Évitez de faire plusieurs changements

Lors de l'introduction de changements, concentrez-vous sur une chose à la fois. Par exemple, si vous voulez mettre à jour la routine matinale de votre enfant, changez une tâche (comme se réveiller 30 minutes plus tôt) et laissez le reste inchangé. Une fois que votre enfant aura pris le pli de la nouvelle attente, cherchez une autre tâche à changer.

4. Donnez des options à votre enfant (si possible)

Une autre excellente façon de prévenir la résistance est d'impliquer votre enfant dans la phase de planification. Dites-lui que vous êtes en train de mettre à jour sa routine et que vous avez besoin d'aide pour décider des tâches à inclure. Laissez-le faire de petits choix, comme jouer avant ou après les devoirs, ou choisir quelle corvée ménagère il aimerait prendre en charge. Évitez de lui donner trop d'options (deux à trois options suffisent), sinon il pourrait ne pas être en mesure de prendre une décision.

5. Rappeler-lui comment il a bien géré d'autres changements

Lorsque vous motivez de nouveaux changements, rappelez à votre enfant quelques-uns des changements qu'il a réussi à surmonter par le passé. Décrivez quelques souvenirs qui démontrent le courage, la confiance et la résilience. Assurez-lui que les changements à venir seront difficiles, mais qu'il a les compétences nécessaires pour les gérer.

Changements Positifs D'habitudes Par Une Boucle D'habitudes

L'idée de créer une routine est d'enseigner progressivement à votre enfant des habitudes saines qui ont le potentiel de gérer les symptômes du TDAH et de renforcer des stratégies d'adaptation positives. Tout comportement pratiqué de manière cohérente a la capacité de devenir une habitude. Cela peut être à la fois terrifiant et excitant, selon le type de comportements que votre enfant pratique régulièrement.

Si vous observez la routine actuelle de votre enfant, vous remarquerez qu'il a déjà des habitudes formées. Par exemple, il peut avoir l'habitude de manger les mêmes céréales le matin, de faire les mêmes commentaires sur l'école, de pleurer chaque fois qu'il se rend chez le médecin, ou de faire la sieste en rentrant de l'école. Vous pouvez catégoriser leurs habitudes comme étant "bonnes" ou "mauvaises", "productives" ou "non productives", mais à la fin de la journée, toutes reposent sur la même structure, connue sous le nom de boucle d'habitude.

Le concept de la boucle d'habitude a été popularisé par Charles Duhigg, dans son livre Le Pouvoir des Habitudes. Il se compose de trois étapes que le comportement traverse avant de devenir une habitude. Ces étapes comprennent :

- **Signal** : Le déclencheur environnemental qui amène le cerveau à adopter un comportement spécifique.

- **Routine** : Le comportement réel qui est exécuté, de la même manière, à chaque fois.

- **Récompense** : La sensation agréable ou la validation reçue après avoir effectué le comportement (la récompense est ce qui renforce certains comportements).

Alors, comment fonctionne la boucle d'habitude ? Prenons l'exemple de l'habitude de votre enfant de faire une crise chaque fois qu'il vous accompagne au supermarché. Le signal est l'entrée dans le supermarché. La routine est de demander des bonbons et de perdre son sang-froid lorsque la réponse est non. La récompense est d'attirer votre attention et de vous manipuler pour changer d'avis (ce qui finalement lui permet d'obtenir les bonbons qu'il demandait).

La boucle d'habitude ne renforce pas seulement les comportements négatifs, elle peut également enseigner des comportements positifs à votre enfant. Par exemple, vous pouvez utiliser la boucle d'habitude pour apprendre à votre enfant à se calmer lorsqu'il se sent stressé, comme lorsqu'il est entouré d'un groupe de personnes. Le signal serait d'assister à un événement social comme un anniversaire ou d'être invité à se mêler à d'autres camarades de classe. La routine positive consisterait à respirer profondément ou à répéter des affirmations positives dans sa tête (par exemple, "Je suis le bienvenu ici" ou "Je suis une personne amicale"). La récompense serait de se sentir mieux dans sa peau et, par conséquent, d'avoir des interactions positives avec les autres.

Il viendra également un moment où vous identifierez une habitude destructrice et devrez rompre la boucle d'habitude. En utilisant les mêmes trois étapes, vous pouvez aider votre enfant à désapprendre cette habitude, ou du moins la rendre si désagréable qu'il n'aura plus envie de la pratiquer (c'est-à-dire qu'il ne recevra plus les mêmes récompenses lorsqu'il exécute la routine). Il y a trois étapes que vous devrez entreprendre pour rompre la boucle d'habitude, qui sont :

Isoler le Signal

La première étape est sans doute la plus difficile car identifier les signaux de votre enfant nécessite de l'observation. Dans l'espace d'une heure, il peut y avoir tellement de déclencheurs ou de stimuli auxquels votre enfant réagit. Par conséquent, trouver le signal exact peut être un processus d'essais et d'erreurs. Voici quelques catégories pour vous aider à isoler le signal :

- Lieu

- Personnes

- État émotionnel

- Temps

- Action précédente au déclencheur

Faites attention à l'endroit où se trouve votre enfant lorsque le comportement destructeur se produit, aux personnes qui l'entourent, à l'état émotionnel dans lequel il se trouve, à l'heure de la journée et à l'action immédiate qui s'est produite avant qu'il ne soit déclenché. Si vous trouvez des schémas récurrents, comme le même comportement se produisant lorsqu'il ressent une émotion spécifique, alors cela (l'état émotionnel) peut être le signal.

Si votre enfant est à l'école chaque fois que le comportement destructeur se produit, écrivez un e-mail à son enseignant et posez les questions suivantes :

- Où se trouve-t-il lorsque ce comportement se produit généralement ?

- Quelle activité ou action est en cours ?

- Quelle heure est-il ?

- Y a-t-il certains élèves ou adultes présents ?

- Y a-t-il des personnes spécifiques qui semblent le provoquer ?

- Dans quel état émotionnel se trouvent-il immédiatement avant l'action ?

Identifier la Routine

La prochaine étape consiste à identifier la routine destructrice. Cela sera assez simple car les actions seront cohérentes chaque fois que votre enfant exécute la routine. Cependant, la valeur de cet exercice réside dans le fait de regarder derrière le comportement et de comprendre quels besoins émotionnels votre enfant essaie de faire ressortir chaque fois qu'il se comporte de cette façon.

Par exemple, lorsque votre enfant crie sur les autres, il peut se sentir incompris ou qu'on lui manque de respect. Le besoin émotionnel qu'il essaie de faire ressortir est le besoin de validation et d'acceptation. Un autre exemple est lorsque votre enfant remet constamment en question vos décisions et refuse de suivre les règles. Il peut avoir l'impression que vous essayez de le contrôler et de lui enlever sa liberté. Le besoin émotionnel qu'il essaie de faire ressortir est le besoin d'autonomie et de sentiment d'identité.

Prendre le temps d'identifier la routine et d'examiner les besoins émotionnels qui sont mis en avant peut vous aider à accomplir la dernière étape, qui consiste à expérimenter différentes récompenses.

Expérimenter Différentes Récompenses

Après avoir isolé le signal et identifié la routine, la dernière étape consiste à expérimenter différentes récompenses. Ce qu'il est important de se rappeler, c'est que votre enfant n'est pas "fidèle" à un comportement particulier, que ce soit positif ou négatif. Ce à quoi il est fidèle, ce sont les sensations agréables qu'il ressent lorsqu'il exécute certains comportements. Cela signifie que si vous pouvez inciter des comportements positifs, votre enfant peut désapprendre des comportements destructeurs – en sachant que, être bon doit être plus avantageux que d'être mauvais.

Puisque vous en savez plus sur les besoins émotionnels derrière le comportement destructeur de vos enfants, vous pouvez trouver des moyens positifs de répondre à ces besoins, sans qu'ils aient besoin de mal se comporter. Par exemple, si votre enfant a besoin de validation, vous pouvez augmenter la quantité de félicitation et de reconnaissance que vous donnez pour des comportements positifs. Cela apprendra à votre enfant que bien se comporter est accompagné de nombreuses récompenses.

Dans le même temps, vous devrez ignorer ou retirer votre attention des comportements négatifs. Chaque fois que votre enfant fait une crise, par exemple, continuez la tâche sur laquelle vous travailliez et faites semblant de ne pas remarquer. Ne montrez aucune émotion sur votre visage (qu'elle soit positive ou négative) ou ne réagissez pas à leur comportement de quelque manière que ce soit. Le manque d'attention rendra finalement les crises de colère un comportement non rentable, et ils chercheront plutôt à obtenir votre validation en se comportant bien.

Tout comme pour imposer une nouvelle routine, rompre une habitude destructrice prendra beaucoup de temps et de pratique. Soyez prêt pour des luttes de pouvoir et beaucoup de tests de la part de vos enfants. S'ils ont une forte volonté, ils continueront à mal se comporter même lorsque toutes les incitations auront été supprimées (par exemple, même lorsque vous aurez des conséquences pour leur comportement). Cependant, votre travail est de rester cohérent dans vos actions et de ne jamais montrer de signes de frustration face à leur comportement (rappelez-vous, même voir de la frustration sur votre visage peut être suffisant pour continuer à mal se comporter).

Enseignements Du Chapitre

- Les garçons atteints de TDAH ne s'accommodent pas bien des surprises en raison de leur besoin de prévisibilité. En raison de leur grande énergie, ils se comportent mieux dans des environnements contrôlés et organisés.

- Une des façons de créer un environnement prévisible pour votre enfant est de définir des routines. Ce sont des tâches spécifiques qui sont effectuées chaque jour, dans la même séquence.

- Soyez intentionnel lorsque vous créez des routines pour votre enfant et réfléchissez à ce que vous espérez accomplir et comment vous voudriez qu'ils se sentent quotidiennement. Lorsque vous dessiner leur routine, tenez compte de leurs goûts et dégoûts pour éviter les luttes de pouvoir plus tard.

- Il est normal que vos enfants aient des craintes quant à l'adoption d'une nouvelle routine. Pour les aider à traverser la transition, commencez à discuter des changements à venir bien à l'avance et donnez-leur l'espace nécessaire pour exprimer leurs préoccupations. Vous pouvez également les inclure dans la phase de planification en leur demandant leur avis et en leur permettant de prendre de petites décisions, comme l'ordre des tâches.

- L'avantage de créer des routines saines est que votre enfant apprend des stratégies d'adaptation positives qui peuvent l'aider à gérer les symptômes du TDAH. Ceux-ci deviendront plus tard des habitudes qui rendront sa vie beaucoup plus fluide et renforceront des compétences de vie importantes.

Le dernier chapitre comprendra des exercices pour apprendre à votre enfant à développer des habitudes saines.

Chapitre 6 :

Préparez Votre Enfant Au Monde - Développer La Conscience Et La Responsabilité Sociale

Obtenir ou donner quelque chose concerne les compétences sociales. Le monde consiste à être à l'aise là où vous êtes et à mettre les gens à l'aise, et c'est ce que sont les compétences sociales...
–Penelope Trunk

Qu'est-Ce Que Les Competences Sociales ?

Les compétences sociales sont les méthodes quotidiennes que nous utilisons pour communiquer avec les autres. Elles nous aident à comprendre comment réagir, interpréter et compatir avec ce qui nous est dit. Développer des compétences sociales accroît la prise de conscience de ce qui se passe autour de nous et des moyens plus appropriés pour y répondre.

Tous les enfants ont besoin d'apprendre des compétences sociales ; cependant, les enfants atteints de TDAH peuvent avoir du mal à se souvenir ou à savoir intuitivement comment réagir dans des situations sociales. Ils peuvent avoir besoin qu'on leur rappelle régulièrement de dire merci, de regarder les autres dans les yeux en parlant, ou d'être sélectifs dans ce qu'ils choisissent de partager en public.

La raison de ces défis sociaux est le déficit bien documenté du fonctionnement exécutif du cerveau atteint de TDAH. Améliorer les fonctions exécutives est possible, mais les chercheurs prédisent que les enfants atteints de TDAH auront des retards. Néanmoins, plus tôt vous commencez à renforcer les fonctions exécutives comme apprendre à capter les signaux sociaux, mieux sera la conscience sociale de votre enfant.

Les relations entre pairs sont une partie importante du développement de votre enfant. Grâce à ces relations, ils peuvent apprendre à coopérer, négocier, fixer des limites, résoudre des conflits et compatir avec les autres. Regarder des émissions de télévision ou lire des livres où les compétences sociales sont enseignées ne fournit tout simplement pas la pratique dont votre enfant a besoin. Cependant, de nombreux enfants atteints de TDAH n'ont pas la chance de pratiquer les compétences sociales parce qu'ils ne sont pas au départ approchés ou bienvenus dans des groupes sociaux.

En raison des défis sociaux, ils ont tendance à s'éloigner des autres, ou à faire face au rejet social parce qu'ils sont mal interprétés comme étant "froids", "impolis" ou "désintéressés". Cela crée un cercle vicieux où les défis sociaux continuent de ne pas être résolus en raison de l'incapacité de votre enfant à être social. Sans relations solides entre pairs, ils peuvent trouver des substituts à la connexion réelle à la vie, comme être accro à la technologie, ou ils peuvent décider d'éviter les interactions sociales et de se protéger d'un rejet ultérieur.

Ce qu'il est important de souligner, c'est que les compétences sociales peuvent être apprises. Par exemple, un jeune garçon qui a du mal à parler devant la classe ou à poser des questions en raison de son incapacité à initier une conversation est tout à fait capable de développer ces compétences. Ils peuvent avoir besoin d'une pratique régulière à la maison ; cependant, avec le temps, les parents verront des améliorations. Il existe également diverses façons de renforcer les compétences sociales dans des situations quotidiennes, telles que :

- Discuter des normes sociales dans la conversation quotidienne, telles que comment se comporter en classe par rapport à la cour de récréation, ou ce qu'il faut dire lorsqu'on salue un inconnu et comment répondre.

- Observer les comportements des personnages de films ou de dessins animés et demander à votre enfant ce qu'ils ont fait correctement ou incorrectement, et comment ils auraient pu réagir différemment.

- Jouer des situations courantes que votre enfant peut rencontrer et tour à tour changer de rôle (c'est-à-dire qu'ils peuvent se jouer eux-mêmes, puis passer au rôle de l'autre personne).

- Encourager votre enfant à partager ses interactions sociales à l'école, comme avec qui ils jouent, comment ils s'entendent avec les autres enfants, et les défis sociaux auxquels ils peuvent être confrontés (par exemple, se faire punir en raison de leurs symptômes).

- Jouer à des jeux interactifs qui encouragent la coopération, la résolution collective de problèmes et les astuces. Ces jeux peuvent inclure des jeux comme le Jenga, Pictionnary, le Uno et le Scrabble.

Les Huit Stades Du Développement Humain

Erik Erikson est un psychanalyste et psychologue du développement germano-américain, qui a élaboré huit stades de développement qui commencent dans l'enfance et se poursuivent à l'âge adulte (Mcleod, 2018). Il a développé ces stades au fil de nombreuses années d'expérience auprès d'enfants et d'adolescents en psychothérapie.

Chaque étape présente une "crise" psychologique que l'enfant doit résoudre avant de pouvoir avancer naturellement à l'étape suivante. Selon Erikson, l'échec à naviguer avec succès à chaque étape est ce qui mène à des problèmes psychosociaux plus tard dans la vie. Voici un aperçu des étapes et de la manière dont les parents peuvent soutenir les enfants à travers elles.

Stade 1 : Confiance vs Méfiance

Le premier stade est acquis lorsque l'enfant est un bébé, autour des deux premières années de sa vie. Le lien sacré entre la mère et l'enfant est ce qui construit la confiance et fait sentir à l'enfant en sécurité. Lorsqu'un enfant reçoit des soins constants et prévisibles, il développera la confiance avec sa mère, ce qui se reflétera plus tard dans d'autres relations importantes qu'il formera.

Si leur besoin de soins constants et prévisibles n'est pas satisfait, ils peuvent percevoir le lien avec leur mère comme peu fiable et développer un sentiment de suspicion ou de réticence à aborder d'autres relations. Ce sur quoi les parents peuvent travailler pendant ce stade, c'est d'être intentionnels sur la manière dont ils s'occupent de leurs enfants, et les façons dont ils renforcent l'amour inconditionnel et la sécurité.

Stade réussi = L'enfant développe un sentiment d'espoir.

Stade 2 : Autonomie vs Honte

La deuxième étape se situe entre l'âge de 18 mois et trois ans. Un enfant en sécurité développera un sentiment d'autonomie après avoir découvert les différentes choses qu'il peut faire avec son esprit et son corps. Par exemple, il peut croiser les bras comme signe de résistance, ou dire "Non !" lorsqu'il n'approuve pas quelque chose. Un enfant insécurisé, en revanche, peut être réticent à s'affirmer, de peur d'être réprimandé par ses parents. Les enfants trop contrôlés ou critiqués développeront un sentiment de honte plutôt que d'autonomie, et peuvent montrer des signes de manque d'estime de soi et de dépendance à leur mère.

Stade réussi = L'enfant développe une volonté.

Stade 3 : Initiative vs Culpabilité

La troisième étape commence à partir de l'âge de trois ans, se poursuivant jusqu'à leur entrée à l'école. C'est le moment où un enfant apprend à puiser dans son imagination active, à jouer avec d'autres de diverses manières, et à prendre tour à tour le leadership et à suivre. Pour les jeunes garçons, c'est généralement lorsqu'ils expérimentent leur propre force et peuvent adopter certains comportements que les parents et les enseignants les trouvent agressifs.

Puisqu'ils auront beaucoup plus d'interactions sociales, en particulier avec d'autres enfants d'âge préscolaire, le but est qu'ils apprennent à jouer de manière responsable, à être coopératifs en groupe, et à prendre des décisions qui tiennent compte des autres. Ces compétences enseignent à un enfant à prendre des initiatives et à se sentir à l'aise pour s'exprimer. Lorsque leur expression de soi ou leur prise de décision est critiquée, ou punie (par exemple, lorsqu'ils se font crier dessus pour poser des questions), ils peuvent développer un sentiment de culpabilité et d'inadéquation personnelle. Trop de culpabilité peut amener l'enfant à avoir peur de partager ouvertement ses pensées et ses sentiments avec les autres.

Stade réussi = L'enfant développe un sentiment de but.

Stade 4 : Industrie vs Infériorité

La quatrième étape commence à l'âge scolaire, lorsque l'enfant apprend à lire, à écrire, à pratiquer des additions et à accomplir des tâches par lui-même. Les parents et les enseignants jouent tous deux un rôle important pendant cette étape, car ce sont eux qui peuvent transmettre des compétences. L'enfant peut commencer à remarquer les différences entre lui-même et ses pairs, comme ne pas pouvoir saisir les concepts aussi rapidement que les autres enfants, ou ne pas être le "chouchou" de la cour de récréation.

La manière dont ils se comportent avec leur groupe de pairs est ce qui peut construire ou causer un manque d'estime de soi.

L'enfant peut ressentir le désir de démontrer des compétences dans un domaine de sa vie pour obtenir l'approbation de ses pairs et développer un sentiment de respect de soi. Les parents peuvent nourrir ce désir en inscrivant leur enfant à des sports, des clubs de théâtre, des cours d'art et d'autres activités qui pourraient les aider à construire leur estime de soi et à renforcer des compétences de vie essentielles. L'échec à le faire peut amener l'enfant à douter de ses capacités, ou à croire qu'il y a quelque chose d'essentiellement mal en lui.

Stade réussi = L'enfant développe la compétence.

Stage 5 : Identité vs Confusion des Rôles

La cinquième étape se situe entre 13 et 20 ans. C'est l'étape où un adolescent devient adulte. L'un des thèmes centraux de sa vie sera de découvrir qui il est et ce qu'il croit. Il est courant que les enfants aient des doutes sur ce qu'on leur a enseigné tout au long de leur vie, ou sur les règles qu'ils sont censés suivre. Bien que cela puisse être considéré comme un acte de rébellion, ils essaient simplement de construire leur propre système de croyances et de donner un sens aux comportements qu'ils ont suivi aveuglément.

Lorsque les parents valident les sentiments de leurs enfants et leur permettent de ne pas être d'accord avec ou de négocier les règles, ils les aident à s'individuer, c'est-à-dire à construire une identité distincte de celle de leurs parents. Cela ne doit pas être confondu avec la permissivité, qui consiste à céder aux désirs de l'enfant et à avoir de faibles attentes quant à son comportement. Les parents sont toujours responsables de fournir un environnement structuré et d'imposer la discipline ; cependant, ils permettent à leur enfant d'explorer son identité, de poser des questions et d'affirmer ses propres croyances.

L'échec à établir un sens de l'identité et à affirmer ses propres croyances conduira à une confusion des rôles. En d'autres termes, ils peuvent ne pas comprendre quel rôle jouer dans la société, quels sont leurs passions et leurs intérêts, ou quelle contribution significative ils peuvent apporter dans la vie des autres. La confusion des rôles peut causer beaucoup d'anxiété et faire sentir à l'enfant qu'il n'est pas prêt pour la vie adulte. Le rôle des parents est d'encourager l'enfant à explorer différents intérêts, passe-temps et professions afin de décider du mode de vie qui leur convient.

Stade réussi= L'adolescent développe la fidélité.

Stade 6 : Intimité vs Isolement

La sixième étape se situe entre 18 et 40 ans. La principale "crise" pour le jeune adulte lorsqu'il rencontre de nouvelles expériences est de former des relations intimes authentiques avec d'autres personnes. Pour la première fois, ils sont plus désireux de former des relations à long terme avec des personnes autres que les membres de leur famille, et le succès de ces relations conduit à la sécurité, à la compassion et à l'engagement.

Tout jeune adulte n'est pas capable de développer une véritable intimité avec les autres ou de maintenir des relations saines à long terme à l'âge adulte. Le conflit qu'ils peuvent rencontrer dans les relations est, dans une certaine mesure, causé par le lien précoce développé avec leur mère.

Par exemple, si l'homme ou la femme se sentait en sécurité, nourri et validé par sa mère bébé, il est plus susceptible d'être ouvert et de faire confiance dans des relations intimes. Cependant, si la relation avec leur mère était imprévisible et manquait de l'affection dont les enfants ont besoin pour se sentir en sécurité et soignés, ils peuvent éviter l'intimité et craindre l'engagement en tant qu'adulte, ce qui conduit souvent à la solitude et à l'isolement.

Résultat réussi = L'adulte est ouvert à donner et à recevoir de l'amour

Stade 7 : Générativité Vs Stagnation

La septième étape se situe à l'âge adulte moyen, où l'homme ou la femme adulte ressent un appel intérieur à laisser une empreinte sur le monde. Ils peuvent développer un intérêt pour le mentorat ou pour apporter une contribution positive à la vie des autres. Suivre cet appel intérieur conduit à un sentiment d'accomplissement, tandis que l'échec à y répondre conduit à des sentiments de stagnation et de déconnexion par rapport au travail, à la famille et à la communauté plus large.

Stade réussi = L'adulte se soucie profondément des autres.

Stade 8 : Intégrité vs Désespoir

La huitième étape commence à 65 ans et se poursuit pour le reste de la vie adulte. Pendant cette période, ils peuvent réfléchir à leur enfance, à leur adolescence et à leurs expériences d'adulte et déterminer si leur vie a été significative ou non. S'ils ont réussi à naviguer et à résoudre ces crises psychosociales (étapes 1 à 7), ils développeront l'intégrité, tandis que l'échec à naviguer et à résoudre certaines ou toutes ces crises les conduira au désespoir.

Stade réussi = L'adulte développe la sagesse.

Ces huit étapes de développement ne doivent pas être prises comme une prescription sur la façon d'élever votre enfant, mais plutôt comme une description de la manière dont l'esprit psychologique de votre enfant pourrait se développer avec le temps. Il existe de nombreux autres facteurs qui pourraient influencer la manière dont votre enfant grandit et qui ne sont pas mentionnés dans ces huit étapes ; par conséquent, considérez ces étapes comme une seule façon d'expliquer le processus par lequel votre enfant développe une personnalité et apprend d'importantes compétences sociales.

Enseigner La Responsabilité Sociale À Votre Enfant

La responsabilité sociale fait référence à la compréhension de l'impact de nos actions sur autrui. Lorsque nous sommes conscients des conséquences de nos actions, nous avons l'opportunité de changer.

Les relations entre pairs sont un aspect important du développement de votre fils, et la façon dont il se comporte dans les contextes sociaux détermine l'impact qu'il a sur la vie des autres. Aucun parent ne veut que son enfant soit exclu d'un groupe parce qu'il n'est pas conscient de l'impact négatif de ses actions sur les autres. Par conséquent, enseigner à votre enfant comment être socialement responsable peut renforcer sa confiance en lui et le protéger des critiques des autres.

La responsabilité sociale commence par l'obligation de rendre des comptes. Votre enfant n'est pas né avec un sens de la responsabilité - en général, les enfants ne le sont pas. Pendant la majeure partie de leur enfance, votre enfant dépend de vous pour s'occuper de ses besoins. C'est pourquoi ils peuvent réagir négativement aux règles ou aux tâches qui leur sont assignées. Ils n'ont jamais eu à être responsables de leurs actions par le passé, alors pourquoi maintenant ?

Le danger que de nombreux parents commettent est de penser que leurs enfants sont trop jeunes pour être tenus responsables. Ce n'est tout simplement pas vrai. Oui, bien sûr, les tâches assignées aux enfants doivent être appropriées à leur âge ; cependant, fixer des attentes en matière de comportement, à n'importe quel âge, est la façon dont ils apprennent à devenir responsables. Lorsque votre enfant se comporte mal, par exemple, il est attendu qu'une conséquence suive. La conséquence est un outil utilisé pour souligner l'attente d'un comportement exemplaire.

La responsabilité à la maison se traduit par la responsabilité à l'école ou dans d'autres espaces sociaux. Cela s'explique par le fait que les comportements renforcés à la maison sont renforcés en public. Votre enfant peut ne pas bien se comporter tout le temps dans des situations sociales, mais il est plus capable de se corriger lui-même. Par exemple, si votre enfant apprend à la maison qu'il est impoli de parler par-dessus les autres, et que des conséquences tombent chaque fois qu'il se comporte ainsi, il sera plus conscient de laisser les autres parler dans des situations sociales.

Il en va de même pour enseigner à votre enfant comment coopérer et attendre son tour pendant le jeu à la maison, ou comment respecter l'espace personnel des autres. Les tenir responsables de ces comportements lorsqu'ils sont dans un environnement sûr et confortable leur donne suffisamment de pratique pour quand ces compétences sont attendues socialement. Plus tôt vous commencez à enseigner la responsabilité, mieux c'est. Contrairement aux adolescents, les jeunes garçons sont moins susceptibles de manifester le besoin de prendre des responsabilités et d'être responsables de leurs actions.

Une excellente stratégie à utiliser pour renforcer la responsabilité est de faire comprendre clairement à votre enfant qu'il se comporte de manière responsable, et que vous êtes fier de lui pour avoir choisi ces actions.

Par exemple, après que votre enfant a terminé une tâche, vous pouvez dire :

- "Je suis fier de toi d'avoir assumé ta responsabilité."

- "J'aime la façon dont tu as géré cette responsabilité."

- "Tu savais que c'était ta responsabilité de le faire, et je suis fier que tu l'aies faite."

- "Je te récompense avec 10 minutes de temps d'écran supplémentaires parce que tu as assumé ta responsabilité."

Vous pouvez également expliquer quelles sont leurs responsabilités en étant spécifique. Par exemple, vous pourriez dire :

- "Quand tu ne comprends pas un concept en classe, c'est ta responsabilité de lever la main et de poser une question."

- "Puisque tu voulais qu'on ait un chien, c'est ta responsabilité de le nourrir."

- "Nous avons tous des tâches ménagères, et ta responsabilité est de m'aider à préparer le dîner."

- "En jouant avec ton ami, c'est ta responsabilité de partager les jouets."

Souligner volontairement les tâches qui sont la responsabilité de vos enfants les rend conscients de leurs actions. Donner des récompenses après avoir accompli des responsabilités est également un excellent moyen d'encourager des comportements fiables. Au cours des conversations, vous pouvez également rappeler à votre enfant quelles sont aussi vos responsabilités.

Par exemple, le matin autour de la table du petit-déjeuner, vous pouvez lui rappeler votre responsabilité d'aller travailler, ou quand il a des difficultés à l'école, vous pouvez lui assurer que c'est votre responsabilité d'offrir un soutien et de l'aider à surmonter les difficultés d'apprentissage. Votre enfant finira par apprendre que chaque être humain, qu'il soit jeune ou vieux, est censé gérer sa part de responsabilités.

Enseignements Du Chapitre

- Les compétences sociales sont les outils que nous utilisons pour construire et entretenir des relations avec les autres. En grandissant, votre enfant devra développer ces compétences afin d'avoir des interactions positives avec ses pairs.

- En raison des altérations de la fonction exécutive de leur cerveau, vos enfants peuvent avoir du mal à saisir les indices sociaux, à éprouver de l'empathie ou à juger les comportements les plus appropriés dans des contextes sociaux. Cependant, cela ne signifie pas qu'ils ne peuvent pas améliorer leur conscience sociale.

- Les huit étapes du développement d'Erik Erikson constituent un modèle utile pour expliquer comment la personnalité et les compétences sociales de votre enfant s'améliorent en vieillissant.

- En tant que bébé, leur besoin principal est de pouvoir compter sur vous pour prendre soin d'eux, et en grandissant, ils commencent à désirer plus d'autonomie, de compétence et un sentiment d'identité personnelle. Parvenir avec succès à ces étapes aide vos enfants à devenir bien adaptés et en sécurité avec eux-mêmes.

- Il est important d'apprendre à vos enfants comment être socialement responsables, ce qui signifie être conscient de l'impact de leurs actions sur les autres. La meilleure façon d'enseigner la responsabilité sociale est de les rendre responsables de leurs actions dès leur plus jeune âge. La responsabilité commence à la maison et s'étend à d'autres domaines de la vie de vos enfants.

- La société impose déjà des attentes aux enfants ; il est donc juste que vous commenciez à enseigner aux votre des comportements souhaitables. Faites-leur comprendre qu'ils doivent respecter certains comportements, accomplir certaines tâches et traiter les autres d'une certaine manière. Les réussites dans ce domaine les qualifient pour des récompenses, mais l'échec entraîne des conséquences.

Chapitre 7 :

Se Mettre Dans La Peau De L'autre

L'empathie, c'est voir avec les yeux d'un autre, écouter avec les oreilles d'un autre et entendre avec le cœur d'un autre.
–Alfred Adler

TDAH et Empathie

L'empathie est la capacité de se mettre à la place de quelqu'un d'autre, et pour un bref instant, de se connecter à ce que cette personne pourrait penser ou ressentir. Cette compétence est incroyablement difficile à apprendre pour n'importe qui, et bien souvent, les adultes montrent des signes de manque d'empathie.

Ce qui rend l'empathie difficile à assimiler, c'est qu'elle nécessite un grand sens de l'intelligence émotionnelle (IE). Nous pouvons décrire l'IE comme la capacité à reconnaître et à gérer ses émotions, ainsi qu'à reconnaître et à répondre de manière appropriée aux émotions des autres. Les enfants doivent apprendre à s'arrêter et à reconnaître leurs émotions, et à les décrire ainsi que l'impact qu'elles ont sur eux. Faire cela les aide à prendre conscience des mêmes émotions exprimées par les autres et des défis potentiels qu'ils peuvent rencontrer.

Les enfants atteints de TDAH sont injustement décrits comme manquant d'empathie. Les gens vont rapidement interpréter leur distractibilité, leurs regards vides ou leurs réponses inappropriées aux indices sociaux comme des signes de désintérêt ou de rudesse. Cependant, ce n'est pas le cas. Les enfants atteints de TDAH se soucient profondément des autres, et parfois même plus que les enfants neurotypiques, en raison de leur nature sensible. Ils désirent exprimer la compassion et la compréhension, mais ne réussissent pas toujours à le faire correctement.

Par exemple, il peut ne pas venir naturellement à votre enfant de vous réconforter avec un câlin lorsqu'il vous voit contrarié. Ce n'est pas parce qu'ils ne veulent donner des câlins (bien que cela puisse être le cas s'ils sont sensibles au toucher), mais plutôt parce qu'ils ne sont pas conscients que vous ayez besoin d'un câlin. Vous devrez peut-être dire clairement, "Puis-je avoir un câlin ?" pour qu'ils répondent avec affection, sinon ils ne pourront pas réagir instinctivement ainsi.

Un autre exemple est lorsque votre enfant dit quelque chose d'inapproprié qui semble brut et impoli. Par exemple, au lieu de valider les sentiments de quelqu'un (par exemple, "Je peux imaginer ce que vous traversez"), ils peuvent remettre en question les capacités de prise de décision de la personne (par exemple, "Comment avez-vous pu être si stupide ?") Certains enfants, surtout les garçons adolescents, qui sont mal à l'aise avec leurs propres émotions, peuvent réagir avec des comportements étranges dans des situations très émotionnelles. Pour les autres, cela peut sembler insensible ; cependant, ce n'est vraiment pas le cas.

La difficulté à montrer de l'empathie peut mettre une pression sur les relations de votre enfant. Par exemple, à l'école, ils peuvent être mal jugés et harcelés en raison de leur incapacité à répondre de manière appropriée dans des situations sociales. Comme les garçons sont stéréotypiquement interdits à exprimer leurs émotions, la pratique de l'empathie peut également être quelque chose qu'ils trouvent maladroite ou honteuse. En renforçant cette compétence précieuse à la maison, vous pouvez aider votre enfant à devenir plus conscient et à l'aise avec ses propres émotions et celles des autres.

Stratégies Âge-Par-Âge Pour Développer L'empathie De Votre Enfant

L'empathie fonctionne lorsque vous êtes connecté à vos propres expériences émotionnelles. C'est incroyablement difficile pour les enfants de comprendre ou de pratiquer, car ils essaient encore de donner un sens à leurs propres sentiments. Il est courant qu'un enfant ne soit pas conscient des sentiments des autres, ou manque des occasions d'exprimer de la sympathie. Cependant, comme toute compétence d'autorégulation, l'empathie peut être développée.

Voici quelques stratégies appropriées à chaque âge qui peuvent aider votre enfant à devenir plus empathique :

Garçons entre 3 et 8 Ans

Il peut être difficile pour les enfants d'âge préscolaire de voir au-delà de leurs propres besoins. L'acte de "partager", par exemple, est perçu comme une perte plutôt que quelque chose qui peut renforcer les relations entre pairs. De plus, dans leurs efforts pour s'affirmer, ils peuvent être durs ou agir de manière désagréable. À ce stade, votre enfant peut avoir besoin de se rappeler de traiter les autres comme ils aimeraient être traités.

Voici quelques stratégies que vous pouvez pratiquer à la maison:

1. Lire des histoires

En écoutant des histoires, votre enfant peut visualiser différents comportements et comment ils pourraient impacter les autres. Un personnage de livre qui est méchant, par exemple, pourrait finir par perdre ses amis. Tout en parcourant un livre, vous pouvez également vous arrêter et demander à votre enfant comment certains personnages pourraient se sentir en raison des comportements qui leur sont montrés.

2. Créer une boite "Nous prenons soin"

C'est une boîte contenant des articles comme des mouchoirs, du chocolat, des peluches et bloc- note, pour réconforter quelqu'un quand il est contrarié. Vous et votre enfant pouvez collaborer pour constituer un package "Nous nous soucions" pour la maison (assurez-vous de le garder approvisionné), et un pour les camarades de classe, les enseignants, ou toute autre personne que votre enfant pourrait reconnaître comme passant par une période difficile et ayant besoin d'amour et de soutien.

3. Corriger le comportement au moment où il se produit

Si vous surprenez votre enfant à être méchant ou agressif envers d'autres enfants, agissez immédiatement. Éloignez-le et expliquez pourquoi ce genre de comportement est inacceptable. Utilisez des phrases comme "Comment pense-tu que l'autre enfant se sent ?" ou "Comment te sentirais-tu si on t'arrachait tes jouets ?" pour lui donner une certaine perspective.

Évitez d'utiliser un ton ou un langage agressif lorsque vous corrigez votre enfant, car cela peut le faire se sentir coupable de s'affirmer, ce qui n'est pas faux. Ce qui est faux, c'était son choix de réaction, et cela peut être modifié lorsque votre enfant croit qu'il peut faire mieux la prochaine fois.

4. Jeu de mimes émotionnelles

Les mimes émotionnelles sont un jeu amusant et interactif à jouer lorsque vous apprenez à votre enfant le langage pour décrire comment il ou quelqu'un d'autre se sent. Pour jouer au jeu, une personne se lève et mime une émotion spécifique en utilisant des gestes et sans parler. Le reste des personnes qui jouent se relaient pour deviner quelle émotion est représentée. Celui qui devine correctement a le droit de se lever devant et de mimer une autre émotion. Ce jeu convient à toute la famille.

5. Observer les autres

Observer les gens est un excellent moyen d'apprendre à lire différentes expressions faciales, ainsi que d'autres indices non verbaux. Vous pouvez emmener votre enfant au parc et passer du temps à observer les gens. Aidez votre enfant à se concentrer sur des signes spécifiques, comme les bras croisés d'un enfant ou la tête baissée vers le sol, et ce qu'ils pourraient communiquer. Par exemple, vous pourriez dire : "Tu vois cette petite fille qui tape du pied ? Je pense qu'elle pourrait être en colère contre sa mère pour avoir dit qu'il était de rentrer à la maison'. Qu'est-ce que tu penses qu'elle ressent ?

Garçons entre 9 et 12 ans

La chose importante à l'âge préadolescent est que votre enfant commence à construire un sens de soi. Ses personnalités peuvent être plus évidentes que jamais auparavant, et il peut affirmer ses besoins, même si cela signifie défier les autres. Cependant, cela peut aussi signifier qu'il est moins disposé à se compromettre, qu'il peut offenser les autres avec ses opinions fortes, et qu'il peut répondre de manière inappropriée dans des situations sociales. À cet âge, votre enfant peut avoir besoin d'apprendre à être attentif aux limites des autres et à être plus sensible lorsque quelqu'un est visiblement contrarié.

Voici quelques stratégies que vous pouvez pratiquer à la maison:

1. Établir des limites

Il est important pour votre enfant de se sentir en sécurité en compagnie des autres, sinon ils ne pourront peut-être pas se confier à lui. Aidez-le à créer une liste de scénarios sociaux qui le met mal à l'aise à la maison et à l'école. La liste peut inclure le fait qu'un frère ou une sœur entre dans sa chambre, qu'on s'attende à ce qu'il fasse un câlin à quelqu'un, ou qu'un camarade de classe l'insulte.

Une phrase simple que vous pouvez enseigner à votre enfant est : "Je n'aime pas quand [mentionnez le comportement qui vous dérange]. S'il te plaît, ne fais pas ça." Par exemple, "Je n'aime pas quand tu me prends en photo. S'il te plaît, ne fais pas ça."

2. Respecter les limites des autres

Apprenez à votre enfant que les gens ont aussi des limites. Par exemple, son frère ou sa sœur aîné peut ne pas aimer quand le plus jeune joue avec ses objets. Ou un camarade de classe peut ne pas aimer quand il s'assoit trop près d'eux. Une des façons dont il peut apprendre à respecter les limites des autres est de demander la permission chaque fois qu'il veut une réponse ou une action de quelqu'un. Vous pouvez lui apprendre à dire:

- "Est-ce que je peux avoir un câlin ?"

- "Est-ce que ça te dérange si je joue avec toi ?"

- "Est-ce que je peux voir ton jouet ?"

- "Est-ce que je peux entrer dans ta chambre ?"

- "Est-ce que je peux m'asseoir à côté de toi ?"

Demander la permission ne conduira pas toujours à la réponse qu'il espère, et c'est tout à fait normal.

3. Visualiser des interactions aimantes

La visualisation a le pouvoir de changer positivement les comportements. Plus vous visualisez un sentiment spécifique et les différentes façons de le ressentir et de l'expérimenter, plus vous serez sensible à celui-ci.

Guidez votre enfant à travers un exercice de visualisation. Demandez-lui de penser à quelqu'un qu'il aime et qui vit dans une autre ville ou un autre département, et d'envoyer des pensées positives. Une fois qu'il sera familiarisé avec ce scénario, vous pourrez lui demander de penser à un moment où il s'est senti contrarié et d'envoyer des pensées positives à cette version de lui-même, ou à des camarades de classe qui pourraient traverser une période difficile et avoir besoin de pensées positives.

4. Créer des cartes d'empathie

Les cartes d'empathie sont un excellent moyen de préparer votre enfant aux futures situations émotionnelles, et de savoir comment se comporter à ces moments-là. Prenez un grand morceau de carton et quelques marqueurs. Sur la page, dessinez quatre grands cercles et à l'intérieur de chacun, écrivez les mots : ressentir, penser, dire, faire.

Proposez une situation de la vie réelle et demandez à votre enfant d'écrire ce qu'il pourrait ressentir, penser, dire ou faire dans ce scénario. Par exemple, si l'un de ses amis se sentait contrarié à cause d'une intimidation, que ressentirait-il, penserait-il, dirait-il ou ferait-il ? Vous pouvez le guider tout au long des étapes et lui proposer des idées.

Aidez-le à reconnaître qu'il n'est pas toujours facile de savoir ce qu'il faut ressentir ou penser lors de situations nouvelles, intenses ou gênantes, et qu'il est parfois acceptable d'exprimer ne pas savoir quoi faire. Par exemple, si votre enfant ne sait pas comment réagir à une émotion intense comme les pleurs ou la colère, il pourrait dire : "Je vois que tu es contrarié et je suis désolé que tu te sentes ainsi. Mais là, je ne sais pas quoi dire pour que tu te sentes mieux." Entraînez les différentes réponses avec votre enfant pour qu'il se sente en confiance pour réagir de manière appropriée.

5. Enseigner la validation émotionnelle

La validation émotionnelle consiste à reconnaître les sentiments d'une autre personne sans porter de jugement. C'est simplement leur permettre de s'exprimer et de ne pas se sentir mal de le faire. Vous pouvez enseigner la validation émotionnelle en aidant votre enfant à écouter sans interrompre les autres. Jouez à un jeu ensemble où chaque personne a tour à tour le "micro" (qui pourrait être une cuillère en bois). Celui qui tient le micro a l'opportunité de parler, tandis que l'autre personne doit écouter attentivement pour pouvoir répéter ce qui a été dit.

Vous pouvez également apprendre à votre enfant à être tolérant des points de vue et des croyances différents. Par exemple, lorsqu'ils ne sont pas d'accord avec ce qui est dit, ils n'ont pas besoin de réagir en interrompant la conversation ou en prouvant pourquoi ils ont raison et l'autre personne a tort. Soulignez que tout le monde est unique et voit le monde différemment, et malgré les différences évidentes, ils peuvent toujours permettre aux autres de parler et de s'exprimer.

Garçons entre 13 et 17 ans

Les garçons adolescents ressentent beaucoup d'émotions intenses en raison des hormones en pleine croissance dans leur corps ; cependant, la plupart du temps, ils ne savent pas comment gérer leurs émotions fortes. Il est courant pour eux de développer des comportements de dissimulation, comme être stoïque, distant ou désintéressé, comme moyen de se protéger contre la "surcharge émotionnelle". À cet âge, votre enfant doit savoir qu'il est normal pour eux d'avoir et d'exprimer de grands sentiments. Plus ils seront à l'aise avec leurs émotions, plus il sera facile pour eux de répondre aux émotions des autres.

Voici quelques stratégies que vous pouvez mettre en pratique à la maison :

1. Discuter des actualités

Prenez l'habitude de discuter des actualités avec votre enfant. Posez-lui des questions sur ses opinions concernant les changements qui se produisent dans la société. Explorez l'étude de cas sous plusieurs angles, y compris comment la situation pourrait affecter les entreprises, les ménages et les communautés. Vous pouvez également lui demander de partager des solutions potentielles qui pourraient améliorer la situation.

2. Soutenir une cause sociale

Encouragez votre enfant à se consacrer à une cause sociale. Chaque année, il peut choisir une cause différente qui lui tient à cœur. Trouvez des moyens de vous impliquer dans des projets locaux et de le sensibiliser à la cause. Votre enfant devrait prendre l'initiative de cette action, bien que vous puissiez l'aider à entrer en contact avec les bonnes personnes qui peuvent y contribuer de manière positive.

3. Tenir un journal

Le fait de tenir un journal peut aider votre enfant à partager ses pensées et ses sentiments sur papier. Ce qui est génial avec cette pratique, c'est qu'elle est privée et peut être réalisée à son propre rythme. Par exemple, chaque jour ou chaque semaine, il peut se fixer comme objectif de compléter une question dans son journal, les défis auxquels il est confronté ou ce qu'il ressent à propos des événements à venir. Personne d'autre n'a accès à ces entrées, sauf s'il choisit de les partager. Le but du journal est de l'aider à donner un sens à ce qu'il peut avoir du mal à exprimer devant les autres.

4. S'inscrire à des cours de théâtre

La version adulte du jeu de rôle est un cours de théâtre. Si c'est une activité que votre enfant apprécie, il pourrait le trouver très utile pour s'exprimer. Ce qui est bien avec le théâtre, c'est que votre enfant peut endosser différents rôles et imaginer ce que chaque personnage veut et désire. Dans la vie réelle, cela peut l'aider à apprendre à reconnaître les besoins et les désirs des autres.

5. Technique de la chaise vide

La technique de la chaise vide est un exercice que les thérapeutes utilisent pour aider les clients à voir une situation du point de vue de l'autre personne. Deux chaises sont positionnées face à face, et le client passe d'une chaise à l'autre, exprimant comment ils se sentent de différents points de vue (le leur et celui de l'autre personne).

Chaque fois que votre enfant est confronté à un conflit interpersonnel, comme être en désaccord avec un ami ou un enseignant, vous pouvez le guider à travers la technique de la chaise vide. Demandez-lui de s'asseoir sur une chaise et de prétendre que son ami ou son enseignant est assis sur l'autre chaise. Encouragez-le à exprimer comment il se sent, de son point de vue, pendant trois minutes.

Une fois les trois minutes écoulées, demandez-lui de prendre une grande respiration et de changer de chaise. Pendant les trois prochaines minutes, incitez-le à répondre comme l'autre personne, en exprimant comment elle pourrait se sentir. Continuez à échanger de chaises jusqu'à ce que votre enfant commence à avoir une vue équitable et équilibrée de la situation.

Pratiquer L'empathie Grâce À Une Communication Assertive

Vous voulez que votre enfant ait confiance en lui pour se défendre, tout en étant conscient de l'impact de ses paroles et de ses comportements sur ceux qui l'entourent. La communication assertive est un excellent outil de communication qui peut apprendre à votre enfant à exprimer ses pensées et ses sentiments sans recourir à un langage inapproprié ou à des comportements agressifs. Avec le temps, cela peut approfondir la confiance en soi et l'aider à valoriser ses propres limites.

La première étape dans l'enseignement de la communication assertive est de définir ce que c'est, et comment elle diffère des autres styles de communication. Une définition adaptée aux enfants de la communication assertive est d'exprimer vos besoins et préoccupations tout en étant attentif aux besoins et préoccupations des autres. C'est un équilibre entre être clair sur ce qui ne va pas ou ce qui doit changer, mais doux dans la manière dont vous délivrez le message.

Il existe d'autres styles de communication que les enfants ont tendance à utiliser lorsqu'ils transmettent des messages, qui sont la communication passive et agressive. La communication passive consiste à éviter d'exprimer ses pensées et ses sentiments, par peur d'être jugé ou blessé par les autres. Un enfant qui est principalement passif gardera ses sentiments pour lui et laissera des situations blessantes sans réponse. Une fois que ces sentiments atteignent leur paroxysme, ils peuvent avoir une explosion émotionnelle inattendue, qui peut être disproportionnée par rapport à l'événement qui l'a déclenchée.

La communication passive peut affecter votre enfant de plusieurs façons:

- Il peut avoir peur de se défendre.

- Il permet aux autres de franchir ses limites.

- Il a du mal à exprimer ses besoins.

- Il peut parler doucement ou présenter des excuses inutiles.

- Il évite le contact visuel et marche de façon courbée.

La communication agressive porte l'assertivité à l'extrême. La similarité est que les deux styles de communication sont ouverts et francs lorsqu'il s'agit d'affirmer des besoins. Cependant, la communication agressive manque d'empathie et de considération. Par exemple, un enfant agressif peut être prompt à exprimer ses sentiments blessés, mais le faire de manière à blesser également l'autre personne. Par exemple, sa réponse à un enfant qui lui a pris un jouet est de le pousser, de crier après lui ou de lui reprendre le jouet. Ces actions sont généralement faites dans l'impulsion du moment sans penser aux conséquences de ces actions.

La communication agressive peut affecter votre enfant de plusieurs façons:

- Il peut avoir tendance à dominer les autres (par exemple, insister pour être en charge).

- Il utilise l'humiliation, comme les insultes ou l'intimidation, pour contrôler les autres.

- Il a tendance à s'irriter très rapidement et à réagir de manière impulsive.

- Il a tendance à parler fort et à interrompre les gens.

- Il n'est pas capable d'écouter et de considérer d'où vient l'autre personne.

La communication assertive permet à votre enfant de résoudre les problèmes sans compromettre la qualité de ses relations. Il est capable de montrer de l'empathie pour ce que l'autre personne peut traverser et chercher à trouver une solution qui puisse fonctionner au mieux pour les deux.

La Méthode DESC Assertive

Les conflits sont une partie naturelle des relations, et il est important de préparer votre enfant à ces événements inévitables qui peuvent survenir à la maison ou à l'école. Insistez sur le fait que se trouver en conflit avec d'autres personnes n'est pas mal, mais la façon dont le conflit est géré peut parfois être inacceptable. Par exemple, un conflit résolu en frappant les autres ou en les insultant est inacceptable car cela inflige de la douleur aux autres. La meilleure approche est de résoudre les conflits en communiquant de manière assertive les préoccupations et en discutant de ce qui peut être fait différemment.

DESC signifie "décrire, exprimer, spécifier, résultat". C'est une technique qui peut aider votre enfant à partager comment il est impacté par les comportements indésirables des autres et expliquer comment il aimerait être traité à l'avenir. En suivant ce script, il est capable de donner à l'autre personne le bénéfice du doute (puisque tout le monde fait des erreurs), mais de les tenir quand même responsables de leurs actions futures. Par exemple, la dernière étape, "résultat", présente les conséquences si le comportement de l'autre personne ne change pas.

Cette technique peut être plus réussie avec les garçons adolescents, en raison de leur niveau de maturité et de leur capacité à identifier leurs besoins et à réfléchir à leurs propres expériences. Néanmoins, être capable de s'ouvrir aux autres de cette manière peut être inconfortable et ils peuvent avoir besoin de beaucoup de pratique devant le miroir ou avec quelqu'un d'autre pour se préparer à ce type de conversations.

Voici les étapes pour pratiquer le script DESC:

1. Décrivez vos préoccupations ou ce que vous n'appréciez pas

La première étape consiste à décrire la situation, ou dans la plupart des cas, le comportement, qui vous a contrarié. La clé est de se tenir aux faits, car ceux-ci ne peuvent pas être contestés. Mentionnez ce que vous avez vu ou entendu qui était préoccupant.

Une déclaration comme "Tu es entré dans ma chambre sans me demander la permission" est un bon exemple de la manière de décrire votre préoccupation. Elle se concentre sur les actions plutôt que sur l'individu et est communiquée de manière objective.

2. Exprimez comment le comportement vous fait sentir

La deuxième étape consiste à exprimer comment cette situation ou ce comportement vous a fait sentir. Ce qui est important de se rappeler, c'est de sensibiliser votre expérience émotionnelle. Prenez un peu de temps pour réfléchir aux émotions qui ont été déclenchées et à l'impact produit. Utilisez des phrases comme "Je me sens" pour montrer à l'autre personne que vous êtes conscient et que vous prenez pleinement la responsabilité de vos émotions. Par exemple, en exprimant comment vous vous sentez à propos de quelqu'un entrant dans votre chambre sans permission, vous pourriez dire "Je me sens en colère parce que ma chambre est mon lieu sûr."

Une autre considération importante est de ne pas supposer les intentions de l'autre personne. Par exemple, ne supposez pas qu'ils ont agi dans le but de vous nuire intentionnellement. Souvent, les gens agissent sans penser aux conséquences de leurs actions ; il est donc bon de donner aux gens le bénéfice du doute.

3. Spécifiez le comportement alternatif que vous aimeriez voir

La troisième étape consiste à spécifier les comportements alternatifs que vous aimeriez voir se produire pour corriger le comportement indésirable. Lorsque vous suggérez un comportement alternatif, soyez attentif aux mots que vous choisissez. Rappelez-vous, ce n'est pas une proposition, mais une demande. Dire "Ne rentre plus dans ma chambre !" est une demande, pas une proposition. La proposition serait, "S'il te plaît, pourrais-tu me demander avant d'entrer dans ma chambre."

Assurez-vous que le comportement alternatif est réaliste et facile à suivre. Dire à quelqu'un d'écrire une lettre motivation de 300 mots avant d'entrer dans votre chambre n'est ni réaliste ni facile à suivre. L'instruction doit être directe, mais aussi attentive au temps et à l'énergie de l'autre personne.

4. (Résultat) Établissez les conséquences si le comportement ne change pas

La dernière étape consiste à établir les conséquences. Cette étape est cruciale pour responsabiliser l'autre personne vis-à-vis d'un nouveau comportement. Par exemple, s'il ne change pas sa façon d'agir envers vous, il doit savoir ce qui se passera. Vous pouvez utiliser la technique "Si... alors..." pour expliquer les conséquences. Par exemple, "Si tu entres dans ma chambre sans demander la permission à nouveau, alors je cesserai de jouer aux jeux vidéo avec toi."

L'objectif de présenter une conséquence n'est pas de faire peur à l'autre personne, mais plutôt de lui montrer que vous êtes sérieux au sujet de la protection de vos limites. Pour éviter de faire des menaces sans conséquences, gardez les conséquences simples, réalistes et à votre portée. Les parents peuvent devoir intervenir et réguler les types de conséquences que les frères et sœurs plus âgés donnent aux frères et sœurs plus jeunes pour s'assurer qu'il n'y a pas de harcèlement.

Enseignements du chapitre

• Les symptômes tels que l'impulsivité et la distractibilité rendent plus difficile pour les garçons atteints de TDAH de comprendre et de traiter leurs propres sentiments, sans parler d'essayer d'apprécier ce que les autres ressentent.

- Cependant, manquer des occasions de valider les autres ou de répondre de manière appropriée dans les discussions ne signifie pas qu'ils ne se soucient pas de ce que les autres ressentent. Les garçons atteints de TDAH sont extrêmement sensibles aux autres, mais ils ne savent pas toujours comment exprimer leur préoccupation et montrer leur soutien.

- La bonne nouvelle, c'est que vous pouvez commencer à développer la compétence empathique de votre enfant dès son plus jeune âge grâce à diverses stratégies qui peuvent l'aider à reconnaître et à décrire ses propres émotions, ainsi qu'à être sensibles aux expériences émotionnelles des autres.

- De plus, vous pouvez enseigner à votre enfant comment se défendre à la maison ou sur l'aire de jeux sans recourir à un comportement agressif. Cela peut être réalisé grâce à la communication assertive. L'avantage de cette technique est qu'elle cherche à renforcer les relations plutôt qu'à les briser. Une résolution est proposée, ce qui permet aux deux parties de repartir en sachant comment se traiter mutuellement mieux.

Le dernier chapitre comprendra des exercices pour aider votre enfant à pratiquer les compétences de communication assertive.

Chapitre 8

L'approche Positive De L'éducation Pour Gérer Les Comportements De Défiance

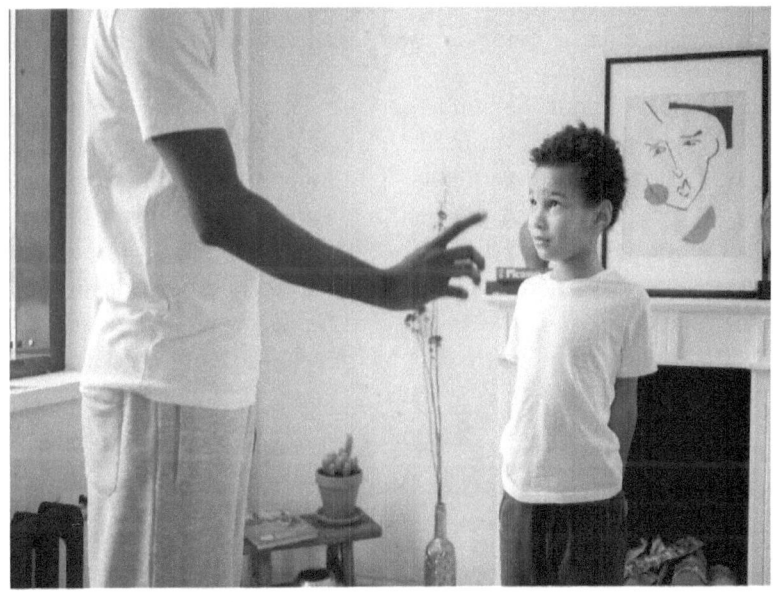

Arrêtez de vouloir perfectionner votre enfant ; essayez plutôt de perfectionner votre relation avec lui.
–Dr. Henker

La Raison Pour Laquelle Votre Fils Se Comporte Mal

Comme mentionné précédemment dans le livre, chaque enfant traverse plusieurs étapes où il se comporte mal. Si ce n'est pas pendant la terrible période des deux ans, c'est la phase des "threenager", ou la puberté. Les garçons atteints de TDAH sont plus sujets aux sautes d'humeur et aux "crises de colère" que les garçons sans TDAH. Ce n'est pas qu'ils se comportent différemment des autres enfants, mais qu'ils peuvent être pris en flagrant délit de mauvais comportement plus régulièrement.

Le comportement défiant n'est pas l'un des symptômes du TDAH ; cependant, comme le soutient le psychologue clinicien David Anderson, il peut être le résultat de schémas négatifs appris après des années de conflit avec les adultes. Il est un fait connu que les enfants atteints de TDAH ont plus souvent des ennuis que les enfants sans TDAH. Des recherches ont montré qu'à l'âge de 10 ans, les enfants atteints de TDAH auraient reçu 20 000 messages négatifs de plus que les enfants sans TDAH (Jellinek, 2010).

Avoir autant d'interactions négatives avec les autres, en particulier les parents et les enseignants, peut amener les garçons atteints de TDAH à réagir violemment et à prendre des mesures extrêmes pour se protéger. Vous pouvez penser à ces réactions impulsives comme à leur défense contre la réception de critiques supplémentaires. Les garçons qui sont plus introvertis peuvent internaliser leur rage et développer des comportements de refoulement comme le silence, éviter les interactions avec les gens, procrastiner ou être passif-agressif (c'est-à-dire être coopératif en présence de quelqu'un mais le désapprouver dans son dos).

Selon le Dr Anderson, "Si l'on vous dit dès votre plus jeune âge que votre comportement est mauvais, ou n'est pas ce qu'un enfant est censé faire, soit vous l'internalisez et vous commencez à penser : 'Il y a vraiment quelque chose qui ne va pas chez moi', soit vous réagissez de manière agressive envers les personnes qui vous disent que vous avez tort" (Miller, 2023).

Malheureusement pour les parents, les garçons atteints de TDAH apprennent rapidement que leurs comportements d'évitement fonctionnent pour attirer l'attention de leurs parents. Quand un enfant pleure parce qu'il refuse de terminer ses devoirs, il sait que les objectifs seront déplacés. Peut-être que plutôt que de s'attendre à ce qu'il termine tout un devoir, on lui demandera de faire la première page, et on finira le reste. Ou quand un adolescent entre dans un conflit de pouvoir sur l'heure à laquelle il doit rentrer à la maison, il sait qu'avec un peu plus de négociations, on finira par céder à ses demandes.

Il est donc important que les parents fassent preuve d'empathie envers les défis de leurs enfants, mais dans le même temps, qu'ils affrontent les comportements défiants lorsqu'ils se produisent pour montrer à leurs enfants les moyens acceptables de communiquer leurs besoins, d'exprimer leurs sentiments et de négocier les termes.

La Punition Traditionnelle Ne Fonctionnera Pas

Toutes les formes de discipline ne fonctionneront pas avec votre enfant, surtout lorsque vous commencez à imposer la discipline tardivement (lorsque votre enfant a déjà développé ses propres idées et croyances sur le monde). De plus, comme les enfants atteints de TDAH sont plus sujets à avoir des interactions négatives avec les adultes, ils peuvent développer des problèmes d'autorité, tels que bloquer ou minimiser tout ce que leur dit un parent ou un enseignant.

Une forme de discipline qui ne fonctionnera certainement pas est la punition traditionnelle, qui fait référence à des stratégies de gestion comportementale utilisées depuis des siècles comme les gifles, l'isolement ou le fait de hausser la voix à votre enfant.

Comme les garçons atteints de TDAH sont tellement habitués à être la cible de critiques, leur crier dessus peut ne pas suffire à changer leur comportement. En fait, dès que vous commencez à crier, c'est généralement à ce moment-là qu'ils érigent leurs défenses et bloquent votre voix. Corriger le comportement avec de l'agression ne fait qu'instiller la peur, et à mesure que votre enfant grandit, il peut commencer à perdre le respect pour vous.

Les formes traditionnelles de punition sont également inutiles pour modifier le comportement d'un enfant qui se comporte constamment mal. Par exemple, si vous allez mettre votre petit garçon atteint de TDAH en "au coin" chaque fois qu'il se comporte mal, il pourrait finir par passer la journée entière dans ce coin. Il en va de même pour donner une gifle à votre enfant chaque fois qu'il se comporte mal. La seule chose qu'ils enregistrent à ce moment-là est la douleur et la violence, pas la précieuse leçon qu'il doit apprendre pour être encouragé à bien se comporter.

Un autre danger de la punition traditionnelle est qu'elle conduit à une pensée à court terme. Chaque fois que votre enfant se comporte mal, il s'habitue à recevoir la même conséquence, sans comprendre comment ses actions impactent les autres, et comment il peut s'améliorer la prochaine fois. Tout ce qu'elle communique, c'est que votre enfant avait tort, mais n'explique pas pourquoi il avait tort et à quoi ressemble le comportement "correct".

Pour corriger efficacement le comportement de votre enfant, vous devrez peut-être vous tourner vers des formes modernes de discipline qui se concentrent sur l'enseignement et le renforcement des comportements positifs, plutôt que de punir les comportements négatifs. Cette forme de discipline est douce et tient compte de la sensibilité de votre enfant à la critique, mais établit toujours des attentes (et les tient responsables) pour leur comportement.

Cinq Types De Discipline Positive

La discipline est l'un des devoirs de la parentalité qui ne peut être ignoré. Cela s'explique par le fait que ce que les enfants apprennent sur le monde et comment ils interagissent avec les autres est enseigné à la maison. Les parents ont d'innombrables occasions chaque jour de renforcer les comportements socialement acceptables et de détourner leurs enfants des comportements socialement inacceptables, de sorte que lorsque leurs enfants dans le monde extérieur, ont confiance en eux pour établir des relations et naviguer dans différents environnements sociaux.

L'expérience de discipliner votre enfant ne doit pas nécessairement être négative ou mettre une pression sur votre relation. Si vous considérez la définition de la discipline, qui selon les dictionnaires Oxford Learner's (2023) est "une méthode pour entraîner votre esprit ou votre corps ou pour contrôler votre comportement", alors vous verrez qu'elle peut en réalité être bénéfique pour votre enfant et potentiellement renforcer votre relation.

Pour obtenir les meilleurs résultats de la discipline, il peut être nécessaire d'évaluer votre approche actuelle. Utilisez-vous encore des formes de discipline dépassées qui sont punitives et ne ciblent pas les mauvais comportements ? Avez-vous tendance à être dur ou agressif lorsque vous corrigez un comportement ? Ou votre problème pourrait-il être le manque de discipline cohérente, ce qui amène votre enfant à entrer en conflit de pouvoir ? Soyez clair sur ce que vous pourriez faire de mal qui rend difficile la modification du comportement de votre enfant. Si vous pensez que vous faites tout bien, mais que vous ne parvenez toujours pas à communiquer avec votre enfant, il peut être nécessaire de le faire examiner pour le TDAH.

Considérant que vous avez trouvé des domaines à améliorer, vous pouvez expérimenter avec des formes modernes de discipline qui cherchent à promouvoir des comportements souhaitables tout en minimisant l'attention portée aux comportements négatifs. Voici cinq types de discipline positive qui sont très efficaces sur les enfants avec des handicaps :

Discipline Basée sur les Limites

Les enfants ont besoin d'un environnement structuré pour se sentir en sécurité. Sans cela, ils peuvent ne pas apprendre à s'autoréguler. Cependant, ce qui est commun à tous les enfants, c'est qu'ils vont tester les limites que vous établissez pour voir jusqu'où ils peuvent aller.

Cela n'est pas fait pour pirater vos règles, mais plutôt pour découvrir par eux-mêmes où se trouvent les limites et à quoi ressemblent réellement les comportements acceptables et inacceptables. Par exemple, vous pouvez établir une règle selon laquelle personne n'est autorisé à crier à l'intérieur de la maison. Votre petit garçon peut penser : "Je me demande ce qui se passerait si je criais à l'intérieur de la maison." Il pourrait crier et observer ce que vous allez faire.

La discipline basée sur les limites consiste à communiquer clairement et à tenir votre enfant responsable des limites que vous avez fixées. Ces limites sont appliquées chaque fois qu'un enfant se comporte mal, et l'absence de correction du comportement conduit à des conséquences naturelles ou prédéterminées. Par exemple, après avoir entendu votre enfant crier à l'intérieur de la maison, vous vous approcheriez calmement de lui, vous mettriez à son niveau et lui rappelleriez la règle.

Vous pourriez dire : "On ne crie pas à l'intérieur de la maison. Parle s'il te plait à voix basse, sinon il y aura des conséquences." S'il a un caractère fort, il pourrait crier à nouveau juste pour voir si ces conséquences sont réelles ou fausses. Avec le même calme, vous vous approcheriez à nouveau de lui, expliqueriez ce qu'il a fait de mal, et appliqueriez immédiatement une conséquence. Par exemple, vous pourriez dire : "Je t'ai dit qu'on ne crie pas à l'intérieur de la maison, mais tu as continué à crier. Je vais maintenant te retirer 10 minutes de jeu."

Discipline Douce

La discipline douce consiste à créer un environnement qui encourage les bons comportements. Cela implique de prendre des mesures préventives pour s'assurer que les besoins et le confort de votre enfant sont pris en compte. Un bon exemple est de créer des routines pour s'assurer que votre enfant dort suffisamment, joue activement, stimule son esprit et a des interactions positives avec les autres. Si vous connaissez ses déclencheurs sensoriels, vous vous assuriez également que ceux-ci sont surveillés ou éloignés de votre enfant.

Pour éviter les conflits de pouvoir, vous pourriez également ajuster votre manière de communiquer avec votre enfant. Au lieu de lui parler durement, ralentissez votre rythme, parlez plus doucement et détendez vos muscles faciaux. Vous serez toujours en mesure de fixer des limites et d'appliquer des conséquences ; cependant, votre message est plus rassurant et est plus susceptible d'obtenir une réponse positive.

La discipline douce consiste également à faire preuve d'empathie et à anticiper les besoins de votre enfant. Si vous remarquez qu'il est hyperactif et fait des dégâts à l'intérieur de la maison, cela pourrait signaler la nécessité de libérer de l'énergie. Sans mentionner le désordre causé, vous attireriez son attention et l'inviteriez à un jeu amusant à l'extérieur. Cette stratégie vise à désamorcer les situations stressantes en traitant le problème sous-jacent.

Discipline Positive

Le cerveau TDAH recherche les récompenses et évite toute forme de punition. Se concentrer trop sur ce que votre enfant fait de mal peut lui sembler une punition. Il pourrait être frustré de ne pas pouvoir répondre à vos attentes. Cependant, louer les comportements positifs a un effet différent. Lorsqu'il reçoit des éloges, cela peut être profondément gratifiant et faire des merveilles pour son estime de soi. Ensuite, il est motivé à faire tout ce qu'il faut pour produire cette même sensation agréable, ce qui l'encourage à auto-corriger les mauvais comportements et à faire de son mieux pour bien se comporter.

La discipline positive consiste à utiliser le renforcement positif pour modifier le comportement. Des exemples de renforcement positif incluent faire un compliment sincère à votre enfant, le récompenser pour ses progrès, et l'encourager quand il se sent découragé. Lorsqu'il se comporte mal, vous pouvez le voir comme une opportunité de vous rapprocher de votre enfant, lui demander comment il se sent et ce qui pourrait l'avoir amené à se comporter ainsi. Ensemble, vous pouvez travailler sur une solution pour résoudre le problème sous-jacent, afin qu'il ne se reproduise pas à l'avenir.

Coaching Émotionnel

Parfois, les enfants se comportent mal parce qu'ils refoulent des émotions fortes et cherchent des moyens d'exprimer ce qu'ils ressentent à l'intérieur. Par exemple, un enfant qui fait une crise de colère essaie peut-être simplement d'attirer votre attention parce qu'il se sent négligé. Le coaching émotionnel consiste à apprendre à votre enfant à reconnaître et à exprimer ce qu'il ressent, afin que vous puissiez répondre à ses besoins.

La pratique de cette méthode nécessite d'abord d'explorer et de comprendre vos propres émotions et déclencheurs. Vous trouverez les discussions sur les émotions beaucoup plus faciles à explorer avec votre enfant lorsque vous êtes à l'aise pour ouvrir et embrasser différentes émotions. Votre enfant pourrait également se sentir plus à l'aise d'être vulnérable autour de vous lorsqu'il voit que vous êtes plus réceptif.

Vous devrez peut-être également approfondir votre empathie pour votre enfant. Au lieu de placer des attentes d'adulte sur lui, réalisez qu'il est encore en train d'apprendre à bien se comporter, à montrer des manières, ou à penser avec bon sens.

Ce qui est évident pour vous ne l'est certainement pas pour lui, et vous devrez peut-être être patient tandis qu'il s'entraîne à se comporter correctement. Soyez rapide à louer les efforts, même de petites modifications à son comportement, et lent à souligner les erreurs.

Modification de Comportement

Similaire à la discipline basée sur les limites, la modification du comportement vise à corriger le comportement en établissant des limites et en appliquant des conséquences. Cependant, la différence réside dans l'accent mis sur les avertissements et les récompenses. Après avoir établi une limite, par exemple, vous donneriez plusieurs avertissements (pas plus de trois), chacun sonnant plus sérieux que le précédent, pour donner à votre enfant l'occasion de corriger son comportement. L'objectif est de lui apprendre à être responsable d'arrêter un mauvais comportement par lui-même.

Un exemple est de dire à votre enfant de partager ses jouets avec son jeune frère ou sœur, sinon vous retirerez le jouet. Expliquez-leur clairement que c'est le premier avertissement. S'il ne se corrige pas lui-même, répétez la limite avec un ton plus sérieux et dites-lui que s'il ne change pas son comportement, vous retirerez le jouet. S'il ne s'arrête toujours pas, approchez-vous sans dire un mot et appliquez la conséquence.

Les récompenses, en revanche, sont utilisées pour encourager les bons comportements. Chaque fois que vous surprenez votre enfant à suivre une règle, à travailler avec diligence sur une tâche, ou à démontrer de bonnes compétences interpersonnelles, félicitez-le par des mots, des gestes physiques, ou même des récompenses tangibles. Vous pouvez également utiliser des récompenses lorsque votre enfant a corrigé avec succès son mauvais comportement. Vous pourriez dire : "Merci d'avoir partagé tes jouets. Je suis vraiment fier de toi !"

Enseignements du Chapitre

- Il est courant que les enfants se comportent mal ; cependant, ceux atteints de TDAH ont tendance à rencontrer plus souvent des défis comportementaux. Cela a à voir avec leur insistance sur les tâches gratifiantes et leur résistance à ce qu'ils considèrent comme des tâches "punitives", comme suivre les règles, faire leurs devoirs, être calme en classe, etc.

- Les enfants atteints de TDAH sont plus souvent critiqués que les enfants non atteints de TDAH, ce qui peut les rendre plus sensibles à la critique et les rendre plus susceptibles de développer des schémas comportementaux négatifs, comme crier chaque fois qu'ils se sentent attaqués.

- Répondre aux comportements inappropriés de votre enfant par de l'agression ou des formes de punition dépassées n'est pas la meilleure façon de corriger leur comportement. Cela s'explique par le fait qu'ils ont tellement l'habitude d'avoir des ennuis que l'ajout de punitions ne leur apprendra rien de nouveau.

- Une meilleure approche consiste à appliquer des formes modernes de discipline qui cherchent à comprendre ce que votre enfant traverse, comment répondre à leurs besoins sous-jacents et à utiliser le renforcement positif pour les motiver à améliorer volontairement leurs comportements.

- Pour obtenir les meilleurs résultats de ces formes modernes de discipline, commencez par évaluer quelles sont les stratégies parentales dépassées que vous utilisez et qui ne sont pas bien perçues par votre enfant. Tout comme il y a de la place pour que votre enfant grandisse, vous pouvez également travailler à être un parent plus empathique, réactif et encourageant.

Chapitre 9 :

Exagérer Les Récompenses

Les enfants habitués à être bien traités internalisent ce traitement et ont un sentiment permanent de bien-être.
—Victoria Secunda

Votre Enfant A Besoin De Plus De Motivation

Un enfant neurotypique peut s'entraîner à se concentrer sur des tâches avec peu ou pas de motivation. Il peut se plaindre de la difficulté de la tâche, mais parvient à continuer. Ce n'est pas la même chose pour un enfant avec un TDAH.

Étant donné que le cerveau TDAH a du mal à s'autoréguler, il a besoin de beaucoup plus de stimulation pour rester concentré ou accomplir une tâche donnée. Par exemple, la meilleure façon pour votre enfant d'apprendre des informations peut être d'utiliser des graphiques visuels, regarder des vidéos, ou tout ce qui peut offrir plus de stimulation que l'apprentissage par répétition ou la prise de notes interminable. Il en va de même lorsque votre enfant est censé accomplir une tâche. Il préférerait que vous déguisiez la tâche en un "défi amusant" plutôt qu'une corvée routinière.

La raison pour laquelle le cerveau TDAH recherche tant de stimulation est due à la poursuite constante de la dopamine, l'hormone du "bien-être". Contrairement aux cerveaux typiques, le cerveau TDAH ne peut pas rester longtemps sans excitation. Peut-être est-ce lié à l'hyperactivité, mais une chose est certaine : si cela ne procure pas de plaisir, il est fort probable que le cerveau TDAH ne montrera pas beaucoup d'enthousiasme ou de dévouement.

En tant que parent d'un enfant avec TDAH, il est important de réaliser que les récompenses ne sont pas un privilège pour votre enfant, mais une nécessité. Limiter la quantité de stimulation offerte à votre enfant ou le renforcement positif pour un bon comportement ne produira qu'un enfant bouduer, argumentatif et malheureux. Contrairement aux enfants non-TDAH, ils ont besoin de récompenses de manière constante, même pendant le processus d'accomplissement du travail, plutôt qu'à la fin. La gratification à court terme est l'un des meilleurs incitatifs pour que leur cerveau reste alerte et concentré.

Cependant, le rush de dopamine peut devenir addictif. Plus votre enfant reçoit de stimulation, plus il en veut. Pour les enfants plus âgés, cela peut les amener à expérimenter des activités risquées ou autodestructrices qui procurent une "montée" incroyable et finissent par entraîner des dépendances. Les récompenses doivent donc être conditionnées à des comportements positifs et sains, de sorte que votre enfant apprenne que mener une vie saine procure du plaisir.

Comment Mettre En Place Un Système De Récompenses

Si vous allez distribuer des récompenses de manière cohérente, il vaut la peine de créer un système qui peut vous aider à surveiller le comportement de votre enfant et à profiter de chaque opportunité pour louer leur bon comportement. Avoir un système de récompenses peut également créer plus de structure et de prévisibilité quant au moment et à la manière dont les récompenses sont distribuées. Autrement dit, ils peuvent être clairs sur les types de comportements qui leur valent des récompenses, de manière cohérente.

Il y a trois étapes que vous pouvez suivre pour mettre en place un système de récompenses à la maison :

1. Identifier les comportements qui comptent

La première étape consiste à dresser une liste des comportements que vous aimeriez voir plus souvent. Peut-être que votre enfant a du mal avec certains comportements, comme se calmer seul ou coopérer avec les autres. Ce sont les types de comportements autour desquels vous devriez baser les récompenses, car cela encouragera votre enfant à être plus conscient de ses actions.

Soyez clair et direct sur les comportements qui qualifient votre enfant pour une récompense. Par exemple, "être calme" est une attente vague et ne donne pas assez de direction à votre enfant. L'attente serait plutôt de dire "parler à voix basse quand Maman est au téléphone".

2. Choisissez des récompenses qui comptent

Votre enfant peut être intrigué par la possibilité de gagner des récompenses, mais seulement si les récompenses en valent la peine. Rappelez-vous, le cerveau de votre enfant est à la recherche constante d'expériences activant la dopamine. Par conséquent, les récompenses que vous offrez doivent être excitantes et spéciales. Par exemple, donner à votre enfant 20 minutes de jeu supplémentaires ne sera pas vraiment comme une récompense, car ils n'ont pas une appréciation du temps comme les adultes. La récompense la plus excitante serait de faire une sortie au parc ou au musée. Il y a un sentiment d'aventure que chaque enfant ressent lorsqu'il quitte la maison et explore la ville, et ce type de récompense sera certainement gratifiant.

Vous pouvez également envisager les types d'activités stimulantes qui excitent votre enfant, telles que :

- Programmer jeu

- Regarder la télévision

- Ne pas avoir à faire leurs corvées

- Choisir le plat à emporter du week-end

- Aller dans un parc d'attractions

- Aller au marchand de glace préféré

- Gagner de l'argent de poche supplémentaire

Évitez de choisir des récompenses qui sont "trop belles pour être vraies" ou irréalisables dans le temps. Par exemple, promettre un grand piano pour avoir un "A" à un test de mathématiques est tout simplement trop beau pour être vrai. Il y a aussi le risque que votre enfant pense qu'à chaque fois qu'il obtient un "A" à un test de mathématiques, il aura un autre grand piano ! L'objectif n'est pas de donner de faux espoirs à votre enfant et de ne pas tenir la promesse que vous avez faite. Par conséquent, lorsque vous décidez des récompenses, réfléchissez à la quantité de temps, d'argent et d'efforts que vous êtes prêt à investir de manière continue sans ressentir de pression.

3. Renforcez votre système de récompenses

Enfin, votre tâche consistera à appliquer le système de récompenses. Mais avant de le faire, discutez des changements à venir avec votre enfant. Dites-lui que vous êtes sur le point de mettre en place un nouveau système qui le récompense pour être sage. Expliquez quels comportements vous allez surveiller et les types de récompenses qu'il peut potentiellement gagner.

Expliquez étape par étape comment les récompenses sont données. Par exemple, il peut gagner un seul jeton (qui peut être échangé contre une récompense matérielle) après avoir répété le même comportement souhaitable trois fois par semaine. Utilisez différents outils pour illustrer le fonctionnement du système de récompense, tels que des images, des diagrammes, des échelles et des pyramides.

Enfin, vous pouvez également décider comment aborder les comportements indésirables en utilisant votre système de récompense. Par exemple, lorsque votre enfant enfreint l'une des règles de la maison, vous pouvez envisager de déduire des points comme conséquence. Si vous êtes intéressé par ce type de structure, assurez-vous d'expliquer quels types de comportements indésirables entraînent la déduction de points (encore une fois, concentrez-vous sur les comportements que vous aimeriez que votre enfant arrête de toute urgence). Gardez à l'esprit que la déduction de points pour un mauvais comportement peut sembler punitif pour votre enfant.

Tableau de Comportement du TDAH

Un tableau de comportement est un type de système de récompense adapté aux enfants d'âge préscolaire. Il s'agit d'une représentation visuelle des comportements souhaitables qui qualifient votre enfant pour des récompenses. La raison pour laquelle ce système est si efficace pour les jeunes enfants tient à sa simplicité de suivi. Des études ont montré que ces tableaux sont efficaces pour réduire les comportements perturbateurs associés au TDAH (Aly, 2021).

Cherchez en ligne de l'inspiration pour concevoir votre tableau. Imprimez le tableau sur une grande feuille de papier (vous pouvez aller plus loin et plastifier le tableau pour le faire durer plus longtemps). Le tableau doit être visuellement stimulant (c'est-à-dire incorporant beaucoup de couleur et de photos) et facile à lire.

Par exemple, si votre enfant apprend encore à lire, décrivez les comportements souhaitables en utilisant des phrases courtes et simples. Au lieu d'écrire "Effectué les devoirs", vous pouvez écrire "J'ai fini mes devoirs". Chaque fois que votre enfant adopte un comportement souhaitable, il gagne un autocollant. Lorsqu'il a accumulé un certain nombre d'autocollants, il peut choisir une récompense dans la liste.

Économie des Jetons

Les économies de jetons fonctionnent bien pour les enfants plus âgés, qui n'ont pas besoin d'images ou de tableaux simples pour comprendre leur système de récompense. Il s'agit de récompenser les comportements souhaitables avec des jetons qui servent de "monnaie" et peuvent être échangés contre des récompenses matérielles. Les jetons peuvent être numériques (c'est-à-dire inscrits sur un tableau le nombre de jetons gagnés) ou tangibles (c'est-à-dire en utilisant des autocollants, des billes ou des jetons en bois).

Le bénéfice d'un système de jetons est qu'il peut surveiller le comportement de votre enfant au quotidien et lui fournir un renforcement positif continu. Par exemple, il peut gagner un jeton pour avoir pensé à faire son sac d'école, avoir fait son lit, avoir terminé ses devoirs dès son arrivée à la maison après l'école, etc. Cela signifie également que s'il manque une opportunité de gagner un jeton à un moment donné, il a plusieurs autres occasions de les récupérer.

Pour garder votre enfant motivé, il doit y avoir un moment où il peut échanger ses jetons contre une récompense matérielle. Il est préférable de s'asseoir et de négocier avec votre enfant quand ce sera moment, afin que vous soyez tous les deux sur la même longueur d'onde. Par exemple, si votre enfant gagne des jetons à plusieurs moments de la journée, vous pouvez décider de le récompenser en fin de journée avec une récompense au choix, telle que:

- 15 minutes d'écran le soir

- Dessert après le dîner

- Une gâterie de leur choix dans leur boîte à repas

- Choisir la playlist musicale dans la voiture sur le chemin de l'école

- Jouer trois parties d'un jeu vidéo avec un parent

Si vous décidez de le récompenser en fin de semaine, vous pouvez considérer les récompenses suivantes:

- Cuisiner ensemble

- Jouer à leur jeu de société préféré

- Aller dans leur restaurant préféré

- Un jour sans corvées

- Inviter un ami

Les enfants plus âgés ont plus de maîtrise de soi que les plus jeunes, et ils peuvent décider d'économiser leurs jetons pour une grande récompense qui ne vient qu'après un mois ou plusieurs mois. Vous devrez tous les deux décider quelle sera cette grande récompense et combien de jetons votre enfant doit gagner pour l'obtenir. Voici quelques exemples de grandes récompenses:

- Acheter un nouvel objet comme un téléphone portable

- Acheter de nouveaux vêtements

- Gagner de l'argent supplémentaire (cela fonctionne bien si votre enfant a un grand objectif financier)

De plus, vous pouvez tous les deux décider combien de jetons chaque bon comportement vaut. Idéalement, plus le comportement est désirable (par exemple, les comportements qui améliorent la gestion du temps et l'organisation), plus votre enfant peut gagner de jetons. Le type de récompenses auxquelles ils ont droit peut également varier en fonction du nombre de jetons que votre enfant a gagnés. Par exemple, 0 à 50 jetons leur qualifient pour les récompenses de "Niveau 1", 51 à 100 jetons leur qualifient pour les récompenses de "Niveau 2", et ainsi de suite.

L'économie de jetons peut également cibler les mauvais comportements grâce au renforcement positif. Au lieu de retirer des jetons pour un mauvais comportement (bien que cela soit également acceptable), offrez des jetons bonus à la fin de la journée si le comportement n'a pas été pratiqué. Pour rendre cette offre plus attrayante, faites de ces jetons bonus le nombre le plus élevé de jetons que tout comportement peut gagner (par exemple, gagner 10 jetons pour ne pas perdre son sang-froid).

Voici un modèle de base pour vous aider à suivre les jetons que votre enfant gagne chaque jour:

Comportement cible	Fréquence de surveillance	Jetons gagnés
Se réveiller avec le réveil de 6 h 30	Vérifier à 6 h 30	2
Préparer son sac d'école avec tous les livres et devoirs nécessaires	Vérifier avant que mon fils n'entre dans la voiture	2
Compléter le taches de l'après-midi	Vérifier si les taches ont été réalisées avant d'aller au lit	4
Bonus : Ne pas parler mal aux parents et frères et sœurs	Contrôler durant toutes les conversations de la journée	10
	Total du jour :	**0–18 jetons**

Renforcement Positif Avec Des compliments

Les compliments sont un moyen merveilleux d'avoir un impact positif sur la vie de votre enfant et de le conditionner à répéter des bons comportements. Donner des compliments semble simple, mais la vérité est que vous pouvez vous tromper.

Par exemple, féliciter excessivement votre enfant en complimentant tout ce qu'il fait peut-être contre-productif. Vos mots, bien qu'encourageants, peuvent commencer à perdre de leur signification, et les entendre ne provoquera pas de changement efficace dans le comportement de votre enfant. Un exemple serait de dire "Bon travail !" après chaque tâche accomplie par votre enfant. Lors des premières occasions, ils peuvent très bien croire qu'ils ont bien fait, mais après un certain temps, cela commence à sonner générique.

Une autre erreur courante est de féliciter les capacités innées de votre enfant, plutôt que leur comportement positif. Par exemple, s'ils réussissent bien à un test, vous pourriez dire "Tu es tellement intelligent !" À première vue, féliciter ses capacités semble encourageant, mais que se passe-t-il s'il échoue au test suivant ? Il se dit qu'il est soit intelligent, soit pas intelligent, et base son estime de soi sur ses performances. Cela peut entraîner la peur de l'échec, le perfectionnisme ou les insécurités.

Les compliments devraient également se concentrer sur les progrès réalisés, pas sur les résultats obtenus. Noter les petites améliorations que votre enfant apporte est ce qui l'encourage à continuer à s'améliorer. Il s'agit de faire de son mieux, pas d'être le meilleur qui compte. En fin de compte, les enfants doivent adopter une mentalité de croissance, où ils voient leur vie comme un processus continu d'apprentissage. Féliciter leurs étapes, aussi petites soient-elles, peut les aider à développer leur résilience.

Lorsqu'il est bien fait, le compliment peut stimuler la motivation intrinsèque de votre enfant et le mettre sur la voie de la maîtrise personnelle. Voici quelques exemples du type de compliment qui a un impact positif sur votre enfant :

1. Compliments sincères

Nous enseignons aux enfants que l'honnêteté est la meilleure politique, mais cette norme s'applique également à nous. Les éloges ne doivent pas peindre un faux tableau de votre enfant, ou être en contradiction avec la façon dont ils se voient. Au contraire, ils doivent être basés sur les comportements que vous avez observés et que vous désirez mettre en avant. Lorsque les compliments sont trop beaux pour être vrais, votre enfant peut commencer à douter de sa compétence et à devenir autocritique. Par conséquent, cherchez toujours à valider ce que votre enfant peut reconnaître en lui.

Exemple : "C'était gentil d'aider l'autre enfant à descendre de la balançoire."

2. Compliments spécifiques

Avez-vous déjà reçu un cadeau réfléchi d'un ami ou d'un membre de votre famille ? Comment vous êtes-vous senti ? Je peux imaginer que ce qui importait le plus n'était pas la taille du cadeau, mais le fait qu'ils avaient été à l'écoute tout le temps. Lorsque votre enfant reçoit des éloges génériques comme "C'était génial !", cela peut sembler faux et que vous n'aviez pas vraiment prêté attention aux actions qu'il a prises. Ce serait la même chose que de recevoir une paire de chaussettes ou une cravate pour votre anniversaire - de bons cadeaux, mais quelle est leur sens ?

Chaque fois que vous décidez de féliciter votre enfant, prenez l'habitude de décrire ce que vous avez vu qu'il a fait de bien. Soyez aussi précis que possible, afin qu'il sache quels comportements répéter la prochaine fois. Non seulement ce type d'éloge le fera se sentir vu, mais il se souviendra aussi de vos mots.

Exemple : "J'aime le choix de couleurs que tu as fait pour ta tenue. Tu as bon goût !"

3. Compliments de progrès

Les compliments de progrès se concentrent sur les efforts que votre enfant fait chaque jour pour apprendre une compétence, développer une habitude ou travailler vers un objectif. Recevoir des éloges comme ceux-ci peut être incroyablement motivant car votre enfant a le contrôle sur la quantité d'effort qu'il investit. Cela peut également favoriser une mentalité de croissance qui aidera votre enfant à croire en sa capacité à surmonter les défis, plutôt que de se concentrer sur ses limitations.

Exemple : "Je vois que tu travailles vraiment dur pour te calmer quand tu te sens contrarié."

4. Compliments inconditionnels

Les compliments ne doivent jamais être liés à vos attentes en tant que parent, ou aux attentes sociales que vous désirez pour votre enfant. Ils doivent se concentrer sur la célébration de qui est votre enfant et le fait de l'accepter tel qu'il est. Les compliments inconditionnels n'ont pas de critères avant d'être donnés. Par exemple, votre enfant n'a pas besoin d'être un "bon garçon" ou de recevoir un A à son test avant de recevoir de l'appréciation. De plus, ils ne cherchent pas à faire de votre enfant quelque chose qu'ils ne sont pas.

Par exemple, "Je sais que tu peux faire mieux que ça" crée une attente pour votre enfant de répondre à vos objectifs de performance, pas aux leurs. Cela ne reconnaît pas non plus les efforts qu'ils ont faits pour en arriver là. Un meilleur compliment serait : "Tu as fait de ton mieux et ça me rend heureux."

5. Compliments spontanés

Les compliments spontanés peuvent donner un coup de pouce de dopamine à votre enfant. Comme il ne s'attend pas aux mots encourageants, les entendre peut sembler d'autant plus gratifiant. Cela rend également vos compliments authentiques, car ils sont donnés de manière aléatoire. La meilleure façon de donner des compliments spontanés est de prêter attention aux comportements de votre enfant. Apprenez à connaître ses qualités positives et négatives, ses goûts et ses dégoûts, ses peurs et ses ambitions, etc. Chaque fois que vous remarquez un changement positif, saisissez l'occasion de dire quelque chose.

Vous pouvez également trouver des moyens créatifs de donner des compliments afin de ne pas les présenter toujours de la même manière. Par exemple, au lieu de donner un compliment à votre enfant, vous pouvez écrire une petite note, préparer ses cookies préférés ou lui donner un gros câlin. Ce qui compte, c'est d'être authentique quelle que soit la façon dont vous choisissez de féliciter votre enfant.

Exemple : "J'aime la façon dont tu as géré ce conflit avec tes amis. Cela a montré beaucoup de maturité.".

Enseignements du chapitre

- Le cerveau ADHD a besoin d'une stimulation continue pour maintenir la concentration et la dévotion aux tâches. Cela signifie que, contrairement aux enfants neurotypiques, votre enfant a besoin d'un flux constant de motivation pour accomplir des comportements souhaitables.

- L'une des façons de s'assurer que votre enfant est fréquemment motivé est de créer un système de récompenses à la maison. Les récompenses sont un moyen incroyablement efficace d'encourager les comportements souhaitables. Elles fournissent une incitation à travailler sur le développement de bonnes habitudes.

- Lors de la création d'un système de récompenses, concentrez-vous sur les comportements cibles qui doivent être adressés d'urgence (les comportements que vous aimeriez que votre enfant améliore), puis sélectionnez les récompenses les plus adaptées et les critères pour les obtenir (par exemple, pratiquer un comportement souhaitable trois fois par semaine pour obtenir une récompense).

- Il existe différents types de systèmes de récompenses qui fonctionnent le mieux pour les jeunes et les enfants plus âgés. Un tableau de comportement est un système facile à suivre qui représente visuellement les bons comportements et les récompenses pour les pratiquer. Une économie de jetons fonctionne sur un système de devise et permet à votre enfant plus âgé de gagner et d'échanger des jetons sur une base quotidienne ou hebdomadaire contre des récompenses équivalentes.

- Une manière simple mais significative de récompenser votre enfant régulièrement est d'offrir des compliments. N'oubliez pas de ne pas tomber dans les pièges de trop complimenter, de vous concentrer sur les capacités de votre enfant (plutôt que sur le comportement) ou de louer les résultats positifs (plutôt que les progrès). Le meilleur type de compliment est sincère, spécifique, inconditionnel et spontané !

Chapitre 10 :

EXERCICES ET JOURNAL DE BORD

"Il y a deux choses à donner à nos enfants, l'une ce sont des racines et l'autre ce sont des ailes"
–Hodding Carter, Jr.

Activités Intérieures De Recherche Sensorielle

Les enfants en quête sensorielle aiment explorer le monde qui les entoure. Non seulement veulent-ils voir avec leurs yeux, mais ils veulent toucher, goûter, écouter et sentir tout ce que leur environnement a à offrir. Satisfaire le besoin de stimulation de votre enfant peut être facile en plein air, car il y a tellement de nature et d'action disponibles. Cependant, lorsque votre enfant est à l'intérieur, il peut souvent se plaindre de s'ennuyer ou trouver des façons non constructives de passer son temps. Les activités suivantes sont d'excellentes solutions intérieures pour garder votre enfant actif et engagé.

Pâte à Modeler

Groupe d'âge approprié : 3 à 8 ans

Instructions : La pâte à modeler est une activité amusante qui permet à l'esprit de votre enfant de vagabonder. En plus de développer ses compétences motrices fines, elle peut également améliorer les compétences sociales. Il existe de nombreuses façons créatives de manipuler la pâte à modeler. Par exemple, vous pouvez défier votre enfant de créer un pot à pinces, fabriquer des personnages ou de la nourriture en pâte à modeler, ou créer des tampons et des formes à l'aide de Lego et de différents jouets.

Bien que cette activité attire les enfants qui aiment le toucher, elle peut être désagréable pour ceux qui sont sensibles aux odeurs (la pâte à modeler peut avoir une forte odeur) ou ceux qui aiment tout mettre à la bouche. Pour éviter les déclencheurs, trouvez des recettes de pâte à modeler faciles à réaliser en ligne (avec des ingrédients comestibles).

Twister

Groupe d'âge approprié : 9 à 12 ans

Instructions : Twister est un jeu dynamique qui peut également servir d'exercice physique pour vous et votre enfant.

Le but du jeu est de suivre un ensemble d'instructions, indiquant à chaque joueur où déplacer leurs mains et leurs jambes. Le premier joueur à tomber par terre est éliminé. Comme Twister nécessite de suivre des instructions, vous devrez peut-être familiariser votre enfant avec les règles et faire un essai pratique pour qu'il sache quoi faire.

Piscine à balles intérieure

Groupe d'âge approprié : 3 à 8 ans

Instructions : Si vous avez de l'espace ouvert à l'intérieur de votre maison, comme un sous-sol ou une pièce vide, vous pouvez créer votre propre piscine à balles. C'est incroyablement simple à faire : tout ce dont vous avez besoin est une piscine pour enfants gonflable et des balles en plastique de votre magasin de jouets local. Cachez quelques jouets et bonbons dans la piscine et demandez à votre enfant d'en trouver autant qu'il le peut, les yeux bandés ! La piscine à balles peut également être utilisée pour jouer à faire semblant. Par exemple, votre enfant peut imaginer qu'il fait quelques longueurs dans la piscine, prend un bain ou pêche dans un lac.

Peinture à la gélatine

Groupe d'âge approprié : 3 à 8 ans

Instructions : Pour créer des œuvres d'art qui sentent bon et ont une texture intéressante, vous pouvez encourager votre enfant à essayer la peinture à la gélatine. Il y a quelques ingrédients dont vous aurez besoin avant de commencer, tels que : quelques sachets de gélatine préférée de votre enfant, de la colle blanche, de l'eau et un morceau de carton dur.

Sortez un gobelet en plastique pour chaque sachet. Versez 1 cuillère à café de à la gélatine, 1 cuillère à soupe d'eau et 1 cuillère à soupe de colle blanche ensemble. Mélangez chaque gobelet jusqu'à obtenir une texture gluante. Déposez une cuillère à café de chaque mélange sur des points aléatoires sur le carton, puis donnez à votre enfant un pinceau (ou laissez-le utiliser ses doigts) pour créer différents traits et motifs.

Préparez autant de mélanges que nécessaire pour terminer l'œuvre, puis laissez-la sécher à l'extérieur. Votre enfant peut réactiver l'odeur de à la gélatine en frottant ses doigts sur la peinture.

Boîte Sensorielle

Groupe d'âge approprié : 3 à 8 ans

Instructions : Les enfants en quête sensorielle aiment toucher et expérimenter avec leurs mains. S'ils ne peuvent pas jouer dans le jardin avec la terre, vous pouvez créer une boîte sensorielle qui procure une stimulation similaire !

Identifiez leur texture préférée à toucher et à manipuler. Quelques suggestions incluent le sable, la farine, les haricots ou le riz. Achetez un bac de rangement en plastique de la taille d'une boîte à chaussures, et versez l'ingrédient à environ la moitié. Ajoutez quelques jouets et ustensiles aléatoires que votre enfant peut utiliser pour prendre, empiler et mélanger les éléments ensemble.

Exercices D'auto-Maitrise Et Consignes

L'autorégulation aide votre enfant à réguler ses émotions et à choisir les bons comportements lors de situations stressantes.

Au lieu d'agir sur leurs impulsions, ils sont conditionnés à s'arrêter, à faire une pause et à évaluer les bonnes décisions à prendre. La meilleure façon d'enseigner l'autorégulation est d'aider votre enfant à reconnaître qu'il est responsable de ses actions. Voici quelques exercices qui peuvent renforcer cette idée.

Pour et Contre

Groupe d'âge approprié : 9 à 17 ans

Instructions : Chaque fois que votre enfant est confronté à une décision, demandez-lui de prendre une feuille de papier et de peser le pour et le contre de deux choix. Les pour sont les avantages qui accompagnent un choix particulier et les contre sont les inconvénients.

Voici un exemple de comment peser le pour et le contre de deux choix :

Décision : Comment puis-je confronter un ami qui parle mal de moi dans mon dos ?			
Choix 1 : Ne plus parler avec lui		**Choix 2 : Le rencontrer pour lui exposer ma préoccupation**	
Pour	**Contre**	**Pour**	**Contre**
Je n'aurai plus à m'inquiéter d'être trahi à nouveau.	Il ne comprendra pas à quel point cela me blesse.	Je peux le confronter et lui montrer à quel point cela me blesse.	Je suis nerveux à l'idée de m'ouvrir et de partager mes

Décision : Comment puis-je confronter un ami qui parle mal de moi dans mon dos ?			
Choix 1 : Ne plus parler avec lui		Choix 2 : Le rencontrer pour lui exposer ma préoccupation	
Pour	Contre	Pour	Contre
			sentiments.
Je peux lui donner une leçon pour qu'il ne parle plus mal de moi.	Je prends le risque de perdre un ami.	Je peux fixer des limites et rendre plus claires les conséquences de ses actes	J'ai peur que mon ami se défende et ne m'écoute pas.

Réflexion Sur les Décisions

Groupe d'âge approprié : 13-17 ans

Instructions : À la fin de chaque journée, demandez à votre enfant de prendre son journal et de réfléchir aux décisions qu'il a prises et à la manière dont il peut prendre de meilleures décisions demain. Voici quelques idées de sujets pour le journal:

1. Écrire trois décisions que tu as prises aujourd'hui.

2. Parmi les trois, laquelle pense-tu être la meilleure décision, et pourquoi ?

3. Comment cette bonne décision a-t-elle influencé positivement tes pensées, tes émotions ou tes comportements ? Par exemple, t'a-t-elle aidé à te concentrer, t'a-t-elle donné confiance ou amélioré ta gestion du temps ?

4. Parmi les trois, laquelle penses-tu être la pire décision que tu as prise, et pourquoi ?

5. Comment cette mauvaise décision a-t-elle eu un impact négatif sur tes pensées, tes émotions ou tes comportements ? Par exemple, t'a-t-elle rendu triste, créé des conflits avec les autres ou encouragé de mauvaises habitudes ?

_____

_____

_____

_____

6. Écris ci-dessous quelques idées créatives pour éviter de répéter la pire décision demain.

_____

_____

_____

_____

Pense-le ou dis-le ?

Groupe d'âge approprié : 9–17 ans

Instructions : Tout ce que vous pensez n'est pas toujours approprié à exprimer à voix haute. Certaines pensées ne sont ni utiles ni encourageantes, ni pour vous ni pour les autres. Il est important que votre enfant apprenne à décider quoi dire et quoi garder pour lui-même. Demandez à votre enfant de prendre chaque phrase ci-dessous et de la placer dans la catégorie la plus appropriée : le penser ou le dire. Une fois terminé, observez comment il a organisé les phrases et s'il les a placées dans les bonnes catégories. Profitez de cette occasion pour discuter de situations réelles où votre enfant se retrouverait dans chaque situation."

1. Ta tenue est jolie aujourd'hui.

2. Tu parles de manière amusante.

3. Je n'ai pas envie de parler aujourd'hui.

4. Je ne t'aime pas.

5. Je ne comprends pas ce que tu dis.

6. Je suis confus.

7. Je suis plus intelligent que toi.

8. Tu sens mauvais

9. Ça te dérange si je m'assois à coté de toi

10. Est-ce que tu m'aime bien ?

Pense-le	Dis-le

Pense-le	Dis-le

Identification des Comportements d'Auto-Contrôle

Groupe d'âge approprié : 9–17 ans

Instructions : Une autre façon d'aider votre enfant à prendre conscience de ce qu'est le contrôle de soi est d'évaluer ses propres comportements. Demandez à votre enfant de passer en revue la liste de comportements ci-dessous et de les attribuer à la catégorie la plus appropriée. Une fois l'exercice terminé, vérifiez si leur tri était correct. Profitez de cette occasion pour discuter pourquoi ces comportements sont des exemples de contrôle de soi, ou non.

1. Tu dis à quelqu'un combien tu es en colère contre son comportement et demandes des excuses.

2. Tu cries sur ta mère car le dîner n'est pas encore prêt.

3. Tu as une mauvaise journée et décides de passer du temps seul dans ta chambre.

4. Quelqu'un t'a contrarié alors tu veux de le contrarier aussi.

5. Tu joues à des jeux vidéo avant de te mettre à faire tes devoirs.

6. Tu coupes ton ami pendant qu'il parle parce que tu t'ennuies.

7. Tu claques ta porte de chambre parce que tu es en colère.

8. Tu décides d'économiser pour acheter un objet que tu adores.

9. Tu fais comprendre à quelqu'un que tu ne l'aimes pas en l'ignorant.

10. Tu décides de ne pas faire tes corvées parce que tu n'en as pas envie.

Autocontrôle	Manque d'autocontrôle

Autocontrôle	Manque d'autocontrôle

En Contrôle/Hors de Contrôle

Groupe d'âge approprié : 9–17 ans

Instructions : Tout dans la vie n'est pas sous contrôle. Il existe certaines situations que votre enfant vivra qui sont hors de son contrôle, et d'autres qu'il peut contrôler. Par exemple, il ne peut pas contrôler la météo, mais il peut contrôler sa tenue chaque jour. Une fois qu'il aura décidé de ce qui est à sa portée et de ce qui ne l'est pas, il pourra apprendre à se concentrer sur les facteurs qu'il peut réparer ou changer. Demandez à votre enfant de passer en revue la liste des facteurs et de décider lesquels sont sous son contrôle ou hors de son contrôle, ou les deux. Ensuite, examinez ensemble le tableau et discutez-en.

1. Rythme cardiaque (rapide ou lent)

2. Opinions des autres

3. Date limite pour rendre des devoirs

4. Faire une crise de colère

5. Être maltraité par les autres

6. Choisir ses amis

7. Être concentré sur une tâche

8. Aller à l'université après le lycée

9. Devenir millionnaire

10. Travailler dur à l'école

En contrôle	Hors de contrôle	Les deux

En contrôle	Hors de contrôle	Les deux

Exercices Et Consignes Sur Les Habitudes Saines

Les habitudes saines favorisent des comportements qui peuvent aider votre enfant à gérer ses symptômes de TDAH. Cependant, avant de pouvoir adopter des habitudes saines, il doit d'abord identifier et remplacer les mauvaises. Les exercices suivants visent à aider votre enfant à réfléchir à ses habitudes et à commencer le processus de rupture des mauvaises habitudes et d'adoption de comportements positifs.

Réflexion Sur les Habitudes Actuelles

Groupe d'âge approprié : 13–17 ans

Instructions : Réfléchis aux habitudes quotidiennes que tu pratiques et à leur impact sur ta vie. Commence par répondre aux questions suivantes dans ton journal, puis élabore une liste d'habitudes utiles et nuisibles.

1. Sur quelle activité/comportement passes-tu le plus de temps chaque jour ? Cette activité améliore-t-elle ta vie d'une manière quelconque ?

_____

_____

_____

_____

_____

_____

2. Quels comportements/activités considères-tu comme des pertes de temps (ils consomment ton temps et n'apportent aucun développement positif) ?

_____

_____

_____

_____

3. Quels comportements/activités te font te sentir en bonne santé chaque jour ?

_____

_____

4. Procrastines-tu souvent ? Si oui, pour quelles tâches procrastines-tu souvent ?

_____

_____

_____

_____

_____

5. Quels mécanismes de coping t'aident à te calmer et à te sentir positif chaque jour ?

_____

_____

_____

6. Pratiques-tu des mauvais mécanismes de coping qui te mettent de mauvaise humeur, favorisent un comportement destructeur ou te poussent à te mettre à l'écart ?

_____

_____

Après avoir complété les questions du journal, demandez à votre enfant de remplir le tableau suivant en créant une liste d'habitudes utiles et nuisibles.

Habitudes utiles	Habitudes nuisibles

Habitudes utiles	Habitudes nuisibles

Briser la Boucle Négative des Habitudes

Groupe d'âge approprié : 13–17 ans

Instructions : Dans le chapitre 5, nous avons exploré les trois étapes de la formation des habitudes : le signal, la routine et la récompense. L'avantage de comprendre ce processus est que vous pouvez aider votre enfant à briser les mauvaises habitudes. Complétez les étapes suivantes ensemble :

1. Identifiez une mauvaise habitude que votre enfant souhaite abandonner.

2. Notez le signal pour le comportement (ce qui déclenche ce comportement).

3. Notez la routine étape par étape.

4. Notez la récompense, ou le sentiment agréable ressenti après avoir effectué la routine.

5. Notez cinq façons d'éviter le signal/déclencheur.

6. Notez cinq comportements sains qui peuvent apporter les mêmes récompenses désirables.

Décris un mauvais comportement en une phrase :	
Quel est le signal (déclencheur) ?	
Quelle est la routine étape par étape ?	
Quelle est la récompense ?	
Cite cinq façons d'éviter le déclencheur.	

Cite cinq comportements sains qui peuvent apporter les mêmes récompenses.	

Copiez ce tableau et répétez le même processus pour d'autres mauvaises habitudes que vous souhaitez aborder.

Planifier des Habitudes Positives

Groupe d'âge approprié : 9 à 17 ans

Instructions : Adopter de nouvelles habitudes nécessite beaucoup d'engagement. Non seulement tu dois entraîner ton cerveau à se comporter différemment, mais tu dois aussi t'encourager à faire ce qu'il faut, même lorsque tu es tenté de retomber dans de mauvais comportements. Les questions suivantes aideront votre enfant à créer un plan pour les habitudes positives qu'il souhaite travailler. Une fois terminé, discutez de son plan et demandez des moyens de le soutenir.

1. Écris cinq comportements positifs que tu aimerais transformer en habitude.

_____

_____

_____

_____

2. Écris les avantages de faire de ces comportements de nouvelles habitudes. Par exemple, comment imagines-tu qu'ils changeront ta vie ? Qu'est-ce que tu peux en retirer ?

_____

_____

_____

_____

3. Écris les conséquences négatives de ne pas adopter ces habitudes. Par exemple, si ces comportements ne deviennent pas de nouvelles habitudes, qu'est-ce que tu perdrais ? Comment cela impacterait-il négativement ta vie ?

_____

_____

_____

_____

4. Écris les étapes d'action quotidiennes qui peuvent t'aider à rester engagé dans ces comportements. Assure-toi que les étapes d'action sont assez simples pour être pratiquées chaque jour.

_____

_____

_____

5. Écris le signal, la routine et la récompense pour chaque étape d'action qui aidera ton cerveau à se souvenir et à avoir envie de les pratiquer régulièrement.

Comme dans les exemple suivants :

Nouveau comportement : Se lever à 06h30 les jours de semaine

Nouvelle étape d'action : Aller au lit à 21h30 tous les soirs

Signal : L'alarme sonne à 20h30

Routine : Prendre une douche, me brosser les dents, enfiler mon pyjama, préparer mes vêtements pour demain, puis aller au lit

Récompense : Se sentir reposé et plein d'énergie le matin.

6. Cite trois personnes qui peuvent te soutenir pendant le processus d'apprentissage de ce nouveau comportement/activité. Assure-toi de leur parler de ton plan et de ce que tu prévois de faire chaque jour pour renforcer le comportement.

_____

_____

_____

_____

_____

Tableau des Bonnes Habitudes

Groupe d'âge approprié : 9 à 17 ans

Instructions : Basé sur les étapes d'action que tu as imaginées dans l'exercice précédent, crée un tableau des habitudes pour te tenir responsable de pratiquer ces étapes chaque jour. Coche chaque étape d'action que tu as réussi à accomplir à la fin de la journée.

Ci-dessous un exemple de la façon dont le tableau d'habitudes devrait ressembler :

	Lundi	Mardi	Mercredi	Jeudi	Vendredi
Aller au lit à 21h30					
S'asseoir à mon bureau pendant 15 minutes					

	Lundi	Mardi	Mercredi	Jeudi	Vendredi
Prendre une grande inspiration quand je suis contrarié					
Écrire ma journée dans mon journal					
Laisser les autres parler sans les interrompre					

Exercices Et Consignes De Communication

Les compétences en communication jouent un rôle significatif dans le développement de votre enfant. Non seulement elles l'aident à articuler ses propres pensées et sentiments, mais elles peuvent également contribuer à construire et à entretenir des relations avec les autres. Les exercices suivants partagent quelques techniques ludiques qui peuvent améliorer les compétences en communication de votre enfant.

Téléphone

Groupe d'âge approprié : 3 à 8 ans

Instructions : Rassemblez la famille et asseyez-vous en cercle. Assurez-vous d'être assez proches les uns des autres pour chuchoter à l'oreille de la personne suivante. Une personne commence le jeu en répétant une courte phrase à l'oreille de son voisin. Le message est transmis de personne à personne, jusqu'à ce qu'il atteigne le dernier joueur. Le dernier joueur partage ensuite le message à voix haute et le but est de voir à quel point il est similaire au message original.

Conte en Images

Groupe d'âge approprié : 3 à 8 ans

Instructions : Parcourez un magazine ou un livre d'images sans texte, et demandez à votre enfant de créer une histoire sur ce qui se passe dans chaque photo. Il peut mentionner le lieu, l'action qui se déroule, les émotions de chaque personnage et ce qu'il pense qu'il va se passer ensuite.

Miroir

Groupe d'âge approprié : 9 à 17 ans

Instructions : Assis face à votre enfant, décidez qui sera le suiveur et le leader. Le leader prend un paquet de cartes avec des étiquettes d'émotions différentes. Sans révéler la carte, leur défi est de mimer l'émotion en utilisant leurs expressions faciales (sans mots). Le suiveur doit deviner quelle émotion est mimée. Après quelques tours, les rôles sont inversés et le leader devient le suiveur, et vice versa. Ce jeu vise à aider votre enfant à reconnaître la communication non verbale.

Poings

Groupe d'âge approprié : 9 à 17 ans

Instructions : Serrez votre poing et défiez votre enfant de vous l'ouvrir. Cependant, le truc n'est pas d'utiliser la force (par exemple, forcer pour ouvrir le poing), mais plutôt d'utiliser une communication assertive. Par exemple, "Ouvre le poing !" ne donnera pas de résultats réussis, mais "S'il te plaît, peux-tu ouvrir le poing" pourrait. Amusez-vous à encourager votre enfant à expérimenter avec différentes phrases assertives.

Scenarios et scripts DESC

Groupe d'âge approprié : 13 à 17 ans

Instructions : Dans le chapitre 7, nous avons discuté d'une technique de communication assertive appelée script DESC. Ce script peut être utilisé pour exprimer des préoccupations, fixer des limites et résoudre les conflits avec les gens. Les scénarios suivants présentent des situations de la vie réelle dans lesquelles votre enfant pourrait se retrouver. Encouragez-le à écrire les meilleures réponses en utilisant le script DESC.

1. Tu es dans un restaurant bondé et le serveur met beaucoup de temps à arriver à ta table. Comment réagirais-tu en utilisant le script DESC ?

_____

_____

2. Ton enseignant te rend un devoir corrigé que tu estimes mériter une meilleure note. Comment exprimes-tu ton inquiétude en utilisant le script DESC ?

3. Un de tes amis te taquine devant un groupe de personnes. Comment exprimer tes sentiments en utilisant le script DESC ?

4. Tes parents t'ont assigné une corvée que tu n'aimes pas. Comment peux-tu négocier avec eux en utilisant le script DESC ?

5. Tu es dans un espace public et un inconnu se tient trop près de toi. Comment peux-tu établir des limites en utilisant le script DESC ?

Conclusion

Parfois, les parents sont une ouverture vers la société à son sens large, parfois ils en sont un frein. Idéalement, ils agissent comme des filtres, guidant leurs enfants et leurs enseignants à éviter les tentations nuisibles.
—Dr. Louise Hart

Élever un garçon hyperactif et impulsif n'est pas une tâche facile. Parfois, vous vous sentirez dépassé par le besoin constant de surveiller les comportements de votre enfant à la maison et à l'école, le besoin de prêter une attention particulière aux déclencheurs sensoriels auxquels il peut être exposé, et de devoir répondre doucement aux fréquentes explosions émotionnelles.

Cependant, ce qu'il est important de se rappeler, surtout pendant ces moments où votre énergie est au plus bas et où vous êtes sur le point de craquer aussi, c'est que les symptômes du TDAH ne définissent pas votre enfant. Derrière ces symptômes se trouve un être humain qui lutte pour exprimer ses besoins. Peut-être que s'il savait dire "Je suis fatigué" ou "Je ne me sens pas en sécurité ici", il aurait un meilleur contrôle sur ses émotions et ses pulsions.

Vous ne pouvez pas changer votre enfant, ni lui enlever son hyperactivité ou son impulsivité, mais vous pouvez lui apprendre à s'autoréguler et à assumer la responsabilité de ses actions. À chaque étape de la vie, votre enfant est capable d'apprendre de nouvelles compétences cognitives, émotionnelles et sociales. Votre rôle en tant que parent est d'introduire, d'enseigner et de renforcer ces compétences en utilisant des stratégies adaptées à son âge. Pratiquer une seule fois ne suffit pas à transformer un comportement souhaitable en une habitude. Cela nécessite de nombreuses pratiques - et des renforcements positifs - pour amener votre enfant à un point où il peut adopter un bon comportement par lui-même.

Le but de ce guide est de vous aider à voir le TDAH hyperactif-impulsif sous un autre angle et de vous sentir plus confiant dans votre capacité à élever un garçon en bonne santé, heureux et responsable. Les stratégies présentées dans ce livre promeuvent les principes positifs de l'éducation parentale qui se sont avérés efficaces pour aider les enfants atteints de TDAH à modifier leurs comportements.

La vérité est que votre enfant désire être bon, mais il a besoin de soutien supplémentaire pour apprendre ce que signifie un "bon comportement", et comment et quand il doit être pratiqué. Vous êtes le meilleur mentor pour le préparer à l'âge adulte et lui enseigner tout ce qu'il doit savoir pour s'épanouir dans la vie.

Si vous avez apprécié cette lecture, merci de laisser un commentaire !

A Propos De L'auteur

Richard Bass est un auteur reconnu, possédant une vaste connaissance et une expérience approfondie des handicaps chez les enfants. Richard a également observé en première ligne de nombreux enfants et adolescents confrontés à la dépression et à l'anxiété. Il apprécie la recherche de techniques et d'idées pour mieux aider les étudiants, ainsi que fournir des conseils aux parents sur la manière de comprendre et de guider leurs enfants vers le succès.

Richard souhaite partager son expérience, ses recherches et ses pratiques à travers son écriture, car cela a fait ses preuves auprès de nombreux parents et étudiants.

Richard ressent le besoin pour les parents et les autres personnes autour de l'enfant de comprendre pleinement le handicap ou la santé mentale de l'enfant. Il espère qu'avec son livre, les gens seront plus compréhensifs envers les enfants traversant ces problèmes.

Richard Bass travaille dans le domaine de l'éducation depuis plus d'une décennie et détient une licence et une maîtrise en éducation ainsi que plusieurs certifications, dont l'éducation spécialisée K-12 et l'administration éducative.

Lorsque Richard ne travaille pas, ne lit pas ou n'écrit pas, il aime voyager avec sa famille pour découvrir différentes cultures et obtenir des idées du monde entier sur l'éducation des enfants, en particulier ceux avec des handicaps. Richard effectue également des recherches et apprend différents systèmes éducatifs à travers le monde.

Richard participe à plusieurs groupes en ligne où les parents, les éducateurs, les médecins et les psychologues partagent leurs succès avec des enfants en situation de handicap. Richard est en train de développer un groupe Facebook où des discussions supplémentaires sur ses livres et techniques pourront avoir lieu. En plus des groupes en ligne, il a également suivi des formations sur l'éducation des élèves à handicap et a également animé des formations dans ce domaine.

Un Message De L'auteur

Si vous avez apprécié le livre et que vous souhaitez recevoir des mises à jour supplémentaires ou simplement partager vos réflexions avec d'autres lecteurs ou moi-même, veuillez rejoindre mon groupe Facebook en scannant le code QR ci-dessous !

Si vous voulez recevoir une version PDF GRATUITE de l'organisateur pour enfants, en vous inscrivant, vous recevrez également des notifications exclusives lorsque de nouveaux contenus seront publiés et pourrez les recevoir à un prix promotionnel. Scannez le QR ci-dessous pour vous inscrire !

Scannez le code QR ci-dessous pour avoir accès à mon contenu sur YouTube et en savoir plus sur la Neurodiversité !

Références

Ackerman, C. (3 février 2017). 25 Fun mindfulness activities for children and teens (+tips!). PositivePsychology.com. https://positivepsychology.com/mindfulness-for-children-kids-activities/

Aly. (5 Aout 2021). ADHD Behavior charts. Goally. https://getgoally.com/blog/adhd-behavior-charts/

Astray, T. (19 mars 2020). Communication tool: Assertive confrontation and boundary setting with the DESO script. Tatiana Astray. http://www.tatianaastray.com/managing-relationships/2020/3/18/communication-tool-assertive-confrontation-and-boundary-setting-with-the-deso-script

AZ Quotes. (S.d.). Top 25 social skills quotes (of 51). A-Z Quotes. https://www.azquotes.com/quotes/topics/social-skills.html

Bailey, E. (8 novembre 2008). Using token economies to help manage behavior. Health Central. https://www.healthcentral.com/article/using-token-economies-to-help-manage-behavior

Borba, M. (26 janvier 2012). 7 Tricks to help stressed moms chill out. Today.com. https://www.today.com/parents/7-tricks-help-stressed-moms-chill-out-1c7397996

Brain Balance. (S.d.). Sensory integration ideas for sensory seeking behaviors. Www.brainbalancecenters.com. https://www.brainbalancecenters.com/blog/sensory-integration-ideas-for-a-sensory-seeker

Branson, R. (22 mars 2017). Everybody is a genius. Virgin.com. https://www.virgin.com/branson-family/richard-branson-blog/everybody-genius

Brown, T. E. (20 juin 2022). Exaggerated emotions: How and why ADHD triggers intense feelings. ADDitude. https://www.additudemag.com/slideshows/adhd-emotions-understanding-intense-feelings/#:~:text=%E2%80%9CChallenges%20with%20processing%20emotions%20start

Clarity Clinic. (11 avril 2020). Self soothing 101: Soothe your anxieties away. Clarity Clinic. https://www.claritychi.com/self-soothing-anxieties-away/

Coste, B. (s.d.). Parenting quotes on discipline: On loving unconditionally. Www.positive-Parenting-Ally.com. https://www.positive-parenting-ally.com/quotes-on-discipline.html

Cullins, A. (8 octobre 2022 a). 7 Ways to help kids cope with big life changes. Big Life Journal. https://biglifejournal.com/blogs/blog/help-kids-cope-big-life-changes

Cullins, A. (22 octobre 2022 b). Key strategies to teach children empathy (sorted by age). Big Life Journal. https://biglifejournal.com/blogs/blog/key-strategies-teach-children-empathy#:~:text=5-7%20Years

Danneman, I. (16 septembre 2021). How to calm a sensory seeking child: SPD breaks for sensitive kids. Www.additudemag.com. https://www.additudemag.com/sensory-break-ideas/

Davies, L. (s.d.). Assertiveness training for children. Www.kellybear.com. https://www.kellybear.com/TeacherArticles/TeacherTip74.html

Day, A. N. (21 avril 2020). Guide : Teaching kids assertive vs aggressive communication. Raising an Extraordinary Person. https://hes-extraordinary.com/communication-assertive-vs-aggressive

Donvito, T. (2 décembre 2022). 8 Compliments you seriously need to stop giving to your kids. Reader's Digest. https://www.rd.com/list/compliments-that-are-hurtful/

Duhigg, C. (2011). How habits work. Charles Duhigg. https://charlesduhigg.com/how-habits-work/

Eccountability. (2017). Habit formation worksheet. In Eccountability. https://eccountability.io/wp-content/uploads/2017/05/Habit-Formation-Worksheet.pdf?x30826

Gill, T., & Hosker, T. (10 février 2021). How ADHD may be impacting your child's social skills and what you can do to help. Www.foothillsacademy.org. https://www.foothillsacademy.org/community/articles/adhd-social-skills#:~:text=When%20children%20with%20ADHD%20enter

Good Reads. (S.d.-a). A quote from Divergent Mind. Www.goodreads.com. https://www.goodreads.com/quotes/10380093-high-stimulation-is-both-exciting-and-confusing-for-people-with

Good Reads. (S.d.-b). Praising children quotes (1 quote). Www.goodreads.com. https://www.goodreads.com/quotes/tag/praising-children

Gordon, A. M., & Barnes, C. M. (31 mars 2020). How working parents can prioritize sleep. Harvard Business Review. https://hbr.org/2020/03/how-working-parents-can-prioritize-sleep#:~:text=Good%20sleep%20may%20also%20be

Gracias, A. (24 avril 2018). Positive self-talk: Ways to teach your children, benefits of self-talk. Www.parentcircle.com. https://www.parentcircle.com/how-to-teach-children-positive-self-talk/article

Green, R. (6 aout 2022). ADHD Symptom spotlight: Overstimulation. Verywell Mind. https://www.verywellmind.com/adhd-symptom-spotlight-overstimulation-5323859

Happy Publishing. (S.d.). 61 Self-control quotes that can change your life. Happy Publishing. https://www.happypublishing.com/blog/self-control-quotes/

Hill, L. (9 juillet 2019). Transforming habits: How to help a child focus in the classroom. Blog.revibetech.com. https://blog.revibetech.com/transforming-habits-how-to-help-a-child-focus-in-the-classroom

Hot Ground Gym. (2 février2022). 8 Effective ways to channel your child's energy. Www.hotgroundgym.com. https://www.hotgroundgym.com/blog/8-effective-ways-to-channel-your-childs-energy

Jackson, C. (15 mai 2022). How to use a reward system for a child with ADHD. Www.joonapp.io. https://www.joonapp.io/post/reward-system-for-adhd-child

Jellinek, M. S. (1 er mai 2010). Don't let ADHD crush children's self-esteem. Www.mdedge.com. https://www.mdedge.com/psychiatry/article/23971/pediatrics/dont-let-adhd-crush-childrens-self-esteem

Kessler, Z. (7 janvier 2022). Overstimulated by life? 20 Ways to give your ADHD senses a break. ADDitude. https://www.additudemag.com/overstimulation-sensory-overload-strategies-adhd/

Know what to expect! The 8 stages of social development in children. (10 septembre 2011). Child Development Institute. https://childdevelopmentinfo.com/child-development/erickson/

Lack, E. (18 novembre 2022). What's your discipline style? Parenting. https://www.greatschools.org/gk/articles/what-is-your-discipline-style/

Lancia, G. (1 er juillet 2021). 12 Self-control activities for kids (incl. worksheets). PositivePsychology.com. https://positivepsychology.com/self-control-for-kids/#techniques

Lehman, J. (S.d.). Teach your child responsibility — 7 Tips to get started. Empowering Parents. https://www.empoweringparents.com/article/teach-your-child-responsibility-7-tips-to-get-started/

Li, P. (24 octobre 2022). 6 Proven ways to encourage kids effectively (without side effects). Parenting for Brain. https://www.parentingforbrain.com/words-of-encouragement-for-kids/

Little Steps. (19 octobre 2020). In the womb. Little Steps. https://littlesteps.co.za/in-the-womb/#:~:text=A%20natural%20self%2Dsoothing%20beh aviour

Littman, E. (18 mai 2022). Brain stimulation and ADHD/ADD: Cravings and regulation. Www.additudemag.com. https://www.additudemag.com/brain-stimulation-and-adhd-cravings-dependency-and-regulation/#:~:text=Key%20aspects%20of%20the%20rewa rd

Low, K. (19 avril 2022). Why kids with ADHD need structure (and how to provide it). Verywell Mind. https://www.verywellmind.com/why-is-structure-important-for-kids-with-adhd-20747#:~:text=Having%20a%20routine%20can%20benefit

Matteson, N. (24 juillet 2018). ADHD and transitions: Change is tough; how to deal with it. Www.healthyplace.com.

https://www.healthyplace.com/blogs/livingwithadultadhd/2018/7/adhd-and-transitions-change-is-tough-how-to-deal-with-it

Mcleod, S. (2018). Erik Erikson's stages of psychosocial development. Simply Psychology. https://www.simplypsychology.org/Erik-Erikson.html

Merriam-Webster. (2019). Definition of energy. Merriam-Webster.com. https://www.merriam-webster.com/dictionary/energy

Miller, C. (12 janvier 2023). ADHD and behavior problems. Child Mind Institute. https://childmind.org/article/adhd-behavior-problems/#:~:text=Tantrums%20and%20defiance%20are%20not

Miller, K. (21 mai 2019). 39 Communication games and activities for kids and students. PositivePsychology.com. https://positivepsychology.com/communication-activities-adults-students/#kindergarten

Morin, A. (S.d.). 8 Sensory-friendly indoor games and activities. Www.understood.org. https://www.understood.org/en/articles/8-sensory-friendly-indoor-games-and-activities

Naik, A. (6 janvier 2022). How to teach your kids to delay gratification and why it matters. Go Henry. https://www.gohenry.com/us/blog/financial-education/how-to-teach-your-kids-to-delay-gratification-and-why-it-matters

Oxford Learner's Dictionaries. (2023). Discipline. Www.oxfordlearnersdictionaries.com. https://www.oxfordlearnersdictionaries.com/definition/english/discipline_1

Popova, M. (25 septembre 2017). The courage to be yourself: E.E. Cummings on art, life, and being unafraid to feel. The Marginalian. https://www.themarginalian.org/2017/09/25/e-e-cummings-advice/#:~:text=%E2%80%9CTo%20be%20nobody%2Dbut%2D

Roth, E., & Weiss, K. (14 octobre 2021). Types of ADHD: Inattentive, hyperactive-impulsive, and more. Healthline. https://www.healthline.com/health/adhd/three-types-adhd#causes

Schwartz, B. (25 novembre 2022). Self-soothing: What it is, benefits, and techniques to get started. Choosing Therapy. https://www.choosingtherapy.com/self-soothing/

Seymour, K. E., Macatee, R., & Chronis-Tuscano, A. (2016). Frustration tolerance in youth with ADHD. Journal of Attention Disorders, 23(11), 1229–1239. https://doi.org/10.1177/1087054716653216

Shanker, S., & Barker, T. (2017). Self-reg: How to help your child (and you) break the stress cycle and successfully engage with life. Penguin Books. https://www.amazon.com/Self-Reg-Child-Stress-Successfully-Engage/dp/0143110411

Sippl, A. (26 juin 2020). Executive functioning and challenging behavior. Lifeskillsadvocate.com. https://lifeskillsadvocate.com/blog/executive-functioning-challenging-behavior/

Smith, D. (9 juillet 2021). 3 Keys to starting a routine and the steps to building one. This Wondrous Life. https://thiswondrouslife.com/twl/3-keys-to-starting-a-routine-and-the-steps-to-building-one

Spina Horan, K. (30 décembre 2021). Sneaky sensory triggers in ADHD that no one talks about. Www.psychologytoday.com.

https://www.psychologytoday.com/za/blog/the-reality-gen-z/202112/sneaky-sensory-triggers-in-adhd-no-one-talks-about

Strong, R. (11 septembre 2022). Can ADHD affect your empathy? Healthline. https://www.healthline.com/health/adhd/adhd-and-empathy#signs-of-low-empathy

Stutman, M. (11 novembre 2016). Great empathy quotes for kids and students. InspireMyKids. https://inspiremykids.com/great-empathy-quotes-kids-students-children/#:~:text=%E2%80%9CEmpathy%20grows%20as%20we%20learn

Stutman, M. (21 septembre 2021). The power of habit! Great habit quotes for kids. InspireMyKids. https://inspiremykids.com/great-habit-quotes-for-kids/

Sword, R. (6 septembre 2021). How to encourage children to express feelings and emotions. High Speed Training. https://www.highspeedtraining.co.uk/hub/how-to-encourage-children-to-express-feelings/

Twitter. (2 juillet 2022). ADDitude quote on Twitter. Twitter. https://twitter.com/ADDitudeMag/status/1543263665008287744

Understood Team. (S.d.). Understanding sensory processing disorder. Www.understood.org. https://www.understood.org/en/articles/understanding-sensory-processing-issues

WebMD Editorial Contributors. (14 juin 2021). Symptoms of ADHD. WebMD. https://www.webmd.com/add-adhd/childhood-adhd/adhd-symptoms#091e9c5e80008077-1-3

Zapata, K. (29 octobre 2021). Parental burnout: What it is and how to cope. Healthline.

https://www.healthline.com/health/parenting/parental-burnout

Références des Illustrations

Burton, K. (2021a). Black father with son covering mouth with hand on sofa [Online image]. In Pexels. https://www.pexels.com/photo/black-father-with-son-covering-mouth-with-hand-on-sofa-6624428/

Burton, K. (2021b). Desperate screaming young boy [Online image]. In Pexels. https://www.pexels.com/photo/desperate-screaming-young-boy-6624327/

Cameron, J. M. (2020). Photo of woman teaching his son while smiling [Online image]. In Pexels. https://www.pexels.com/photo/photo-of-woman-teaching-his-son-while-smiling-4145355/

Danilyuk, P. (2021). Man playing with boy on carpet [Online image]. In Pexels. https://www.pexels.com/photo/man-playing-with-boy-on-carpet-8763039/

Fischer, M. (2020). Kids sitting beside a bookshelves [Online image]. In Pexels. https://www.pexels.com/photo/kids-sitting-beside-a-bookshelves-5211434/

Fring, G. (2021). Fireman giving the cat to an adorable boy [Online image]. In Pexels. https://www.pexels.com/photo/fireman-giving-the-cat-to-an-adorable-boy-7155808/

Grabowska, K. (2021). A boy writing on a book [Online image]. In Pexels. https://www.pexels.com/photo/a-boy-writing-on-a-book-6958518/

Holmes, K. (2020). Pensive African American kid with notepad [Online image]. In Pexels.

https://www.pexels.com/photo/pensive-african-american-kid-with-notepad-5905894/

Kampus Production. (2021a). A mother talking to her child [Online image]. In Pexels. https://www.pexels.com/photo/a-mother-talking-to-her-child-7078729/

Kampus Production. (2021b). A boy and her mother drawing together [Online image]. In Pexels. https://www.pexels.com/photo/a-boy-and-her-mother-drawing-together-7417143/

Karpovich, V. (2020). A boy hugging his parents [Online image]. In Pexels. https://www.pexels.com/photo/a-boy-hugging-his-parents-4609093/

Krukau, Y. (2020a). Charming child sweeping concrete pavement with broomstick [Online image]. In Pexels. https://www.pexels.com/photo/charming-child-sweeping-concrete-pavement-with-broomstick-4458033/

Krukau, Y. (2020b). A woman sitting on a bed with her son [Online image]. In Pexels. https://www.pexels.com/photo/a-woman-sitting-on-a-bed-with-her-son-6210214/

Mas, A. (2020). Happy little boy standing near trunk [Online image]. In Pexels. https://www.pexels.com/photo/happy-little-boy-standing-near-trunk-5623720/

Monstera. (2021). Crop unrecognizable black father disciplining adorable attentive son at home [Online image]. In Pexels. https://www.pexels.com/photo/crop-unrecognizable-black-father-disciplining-adorable-attentive-son-at-home-7114233/

Nilov, M. (2021a). A man and young boy brushing teeth together [Online image]. In Pexels. https://www.pexels.com/photo/a-man-and-young-boy-brushing-teeth-together-8307422/

Nilov, M. (2021b). Photo of a boy with red hair holding a white blanket [Online image]. In Pexels. https://www.pexels.com/photo/photo-of-a-boy-with-red-hair-holding-a-white-blanket-8654431/

Pidvalnyi, O. (2022). A boy sleeping with his teddy bear [Online image]. In Pexels. https://www.pexels.com/photo/a-boy-sleeping-with-his-teddy-bear-12955638/

Rodnae Productions. (2021a). A young boy taking picture with his mother [Online image]. In Pexels. https://www.pexels.com/photo/a-young-boy-taking-picture-with-his-mother-6849308/

Rodnae Productions. (2021b). A cute little boy holding plush toys [Online image]. In Pexels. https://www.pexels.com/photo/a-cute-little-boy-holding-plush-toys-8363720/

Samkov, I. (2022). A boy in gray long sleeves playing toys on his hands [Online image]. In Pexels. https://www.pexels.com/photo/a-boy-in-gray-long-sleeves-playing-toys-on-his-hands-8504379/

www.ingramcontent.com/pod-product-compliance
Lightning Source LLC
Chambersburg PA
CBHW031515120626
46545CB00005B/1884